ちくま新書

ブッダたちの仏教

並川孝儀
Namikawa Takayoshi

1296

ブッダたちの仏教【目次】

はじめに

初めてのインド留学で、下宿のおばさんから信仰している宗教を尋ねられたときの話である。「仏教です」と返事をすると、「同じだね」という応《こた》えが返ってきた。「おばさんも仏教徒ですか」と聞き返すと、「いやヒンドゥー教徒だよ。仏教はヒンドゥー教だから、同じなんだよ」と。多少なりインドのことも、仏教のこともわかっているつもりでいたが、一瞬、おばさんの応えに戸惑った経験がある。私たち日本人は、仏教を独立した一つの宗教とみているが、インド人にとってはヒンドゥー教の一派にすぎないんだと、そのとき改めて思い知らされた。たしかに、ヒンドゥー教では仏教の開祖ゴータマ・ブッダ（釈尊《しゃくそん》）は、ヴィシュヌ神の九番目の化身とみなされ、インドの神々のたしか四七番目の位であることも、そうした事情を示している。

このように、仏教は、インド人からみればヒンドゥー教という大きな枠組みの中に包括されてはいるが、客観的にみれば、それとの立場の違いを鮮明にして開かれた宗教でもある。インドの地から離れて二〇〇〇年にもわたりアジアの広範囲に伝播した、いわばヒンドゥー教から生まれながらも、それとは異なった独自の道を歩み、多くの地域の文化に多大な影響を及ぼした一大宗教である。

異なった文化をもつ国々に展開したことで、その歴史は多様性に富み、どの国の仏教の歴史をもってしても、それだけで仏教の全体を語ることは不可能である。

その多様性は、仏教が長い歴史と広汎な地域を伝播したことによってのみ生じたわけではない。仏教は、絶対なる存在者に対する信仰によって成り立つ宗教ではなく、何よりも実存する一人ひとりの人間が自己の完成を求め、体得された真実の世界をそれぞれに表出した宗教ということである。自己の完成を求め、体得された宗教的世界から生み出された思想は時代と地域に限定されて生きる人間の固有性をもって説き示され、それによって他とは異なる様相をさまざまに呈することになる。このことが、ある特定の仏教だけで仏教全体を語ることを不可能にしているのである。

しかしその一方で、インド仏教や日本仏教、あるいは原始仏教や大乗仏教と個別的にみれば、別の宗教と思えるほどにさまざまな展開をみせる仏教にも、それらに流れる共通性があることも事実である。それが何であるのかを問えば、宗教としての仏教の本質が明らかになるはずであろう。

本書は、仏教がどういう特色をもち、何を追求し、人々に何を伝え教えた宗教であるのかを歴史全体から捉え考えてみようとするものである。そこで本論に入る前に、まず本書の趣旨を簡単に述べておこう。

ゴータマ・ブッダは開祖であるだけに、仏教を論じるとき常に前提となり、中心となる存在であるのは当然のことである。彼を論じる立場もさまざまで、信仰心や尊崇の思いから語られる場合もあれば、文献の枠組みの中で伝承された資料に基づいて語られる場合もある。信仰心をもって開祖とはこうあるべきとの信念にも似た思いをもって語ることは、一般の方々にとっては何の問題もない。しかし、仏教研究者の場合はそうはいかない。文献に伝えられる資料を批判的に考察し、その資料から事実をいかに把握するかが、研究者のあるべき基本的態度だからである。たしかに、それを可能にする資料が十分でないことは承知しているが、客観的な方法によらなければ、ゴータマ・ブッダの心の中はああだこうだと推測しても、結局のところそうしたブッダ像は研究者たちの恣意性や思いが介入した結果を導き出すことになる。資料を超えた理解が必要というのならば、そこに何らかの客観的な方法に基づいた見解が提示されなければならない。研究者がこうした努力を放棄するならば、ゴータマ・ブッダの存在や教えについて妙な誤解を人々に与えるだけである。

その当時の仏教を伝えるとされる初期経典をあるがままに読み込み、記述内容の展開を読み取り、どれがゴータマ・ブッダと彼の教えであり、どれが仏弟子の解釈であり、どれが後の創作なのかなどを丹念に精査するという当たり前のことが基本になければならない。そうした枠組みの中で、ゴータマ・ブッダの教えを明らかにすればいいのである。開祖ゴータマ・ブッダを完全性や神秘性によって描き出しさえすればよいとする姿勢では、ゴータマ・ブッダの実像から遠ざかるだけではなく、実は二五〇〇年もの長きにわたり広大な地域に伝播した仏教の歴史に一貫して流れてきた仏教の本質ともいうべき宗教性を見失うことにもなる。

ゴータマ・ブッダをどのように理解するのかということと、仏教全体をどのように理解するのかということは、ある意味、同じことなのである。したがって、ゴータマ・ブッダを正しく理解する取り組みは、仏教という宗教を明らかにすることでもある。本書は、そのことを探るために、まず仏教史上に出現したさまざまなブッダの変遷を概観した上で、歴史的ブッダである開祖ゴータマ・ブッダの存在意義を考察し、続いてゴータマ・ブッダ以後の仏教を次々と新たな波を起こし展開していく様相に焦点を当てながら論じる。具体的には、主に三つの視点から論じようと思う。一つはブッダ論とゴータマ・ブッダ論であり、第一章と第二章において扱う。二つ目は仏教の歴史的展開とその受容の仕方を第三章で、三つ目は悟りの境地という普遍と展開するにつれて変容する教えとの問題を第四章で論じる。

ブッダ論では、歴史上のゴータマ・ブッダは決して絶対的存在者というものではないが、人間のあるべき究極の姿を完成させた人物として、また一方で当時のインドに生き、その固有性や特殊性を最大限に具現した人物として捉えられる存在であったが、彼の死後、その存在は歴史上の人間から永遠なる存在として理想化・神格化され、人々の信仰対象として大きく変質することをまず論じる。ゴータマ・ブッダに対する信仰は、彼の体得した真理（法）そのものに対する信仰と、ゴータマ・ブッダその人に対する信仰という二つの構造をもち、次第にゴータマ・ブッダに対する解釈がブッダ論や仏身論として多様に展開するようになる。実際、大乗仏教などでは時代や地域の変遷によって人々が求める理想のブッダが数多く産み出されることになる。このように、一人のブッダから時代をへて地域を移しながら異なった多くのブッダが誕生する過程を眺め、それらから仏教においてブッダとはどのような存在であるのかを考える。

続いて、こうしたブッダ論に基づいて、開祖であるゴータマ・ブッダの存在の意義を改めて考えてみる。原始仏教の時代に立ち戻り、仏教の原点としての歴史上のゴータマ・ブッダは実際どのような人物であったのかを考える。また、初期経典はゴータマ・ブッダが説いた教えとされるにもかかわらず、実際のところその内容は一様ではなく、さまざまな様相を呈しているのは一体どのような理由によるのかを考察しながら、初期経典の教えをどのように理解すればよいのかを論じる。

次に、仏教の伝播と受容の仕方を通して仏教の歴史的展開の特質について考察する。インドに起こった仏教は北方へは中央アジアをへて中国へ日本へと、またチベットへと、一方の南方へはスリランカ、東南アジアへと伝播していったが、各地に流布した仏教はそれまでの仏教を継承しながらも、当地の文化と融和しながら独自の仏教を開花させることになる。インド仏教、中国仏教、日本仏教、チベット仏教、南方仏教などと表現される所以《ゆえん》は、そのような事情によるのである。これはキリスト教やイスラームと著しく異なった点である。こうした歴史的展開がみられるのは、何といっても仏教が絶対的存在としての神をもたず、人間の理想的な自己確立をめざし、それに基づいた生き方を教えるところにあるからと考えられる。また、伝えられた各地域に生きる人々の要請に応えることで、それまでとは異なった新たな仏教が起こってくるという特色があったからであろう。このような視点から、仏教の歴史的展開の特質を、とりわけインドから中国、日本などへと伝わった北方伝承を中心に捉えてみようと思う。

続いて、悟りと教えという視点から論じる。ゴータマ・ブッダという人物へのアプローチは、悟りを体得した「普遍」の境地の側面からと、人々に説いた「教え」の側面から行うことができよう。従来まで、ゴータマ・ブッダを論じるとき、この二つの側面がほとんど区別されることなく語られてきたきらいがある。

しかし、実はこの二つの側面は、ゴータマ・ブッダを理解するためのみならず、仏教全体を考えるための重要な要素なのである。仏教の歴史には、ゴータマ・ブッダ以後も数多くの悟りを体得した人々が出現し、彼らが常に仏教を息づかせてきたのである。そうした長い仏教の歴史を、歴史上のブッダと普遍化されたブッダ、普遍の世界と特殊の世界、変わらないところと変わるところというような視点から眺めれば、仏教という宗教の本質が露《あら》わになってくるはずである。

人々や時代の求めがあるからといって、何でも許容することが仏教なのではない。変容性や多様性をもちつつも、常に一貫した宗教性に基づいているところに仏教の特質が表れ出てくるのであろう。本書は、こうした視点から仏教全体を捉え直そうとする試みでもある。

仏教伝播の最終地点というべき日本に辿り着いた仏教は、日本で奈良、平安の時代をへて鎌倉時代に大きな花を咲かせたが、それ以後七〇〇〜八〇〇年をへた今、日本仏教はどのような状況にあるのかを考えなければならない。終章で、この点について少し触れてみたい。

現代というこの時代、日本というこの地域に生きる我々の要請とは一体何であり、それにふさわしい教えとは一体何であるのかという仏教の根本的な姿勢がいま問われており、その道が摸索されなければならない。現代仏教は、二五〇〇年の仏教の軌跡の中に位置づけられるのに必要にして十分な条件を満たしているのか、それとも満たさなくなってしまったのであろうか。条件を満たしていなければ、再生の実現のためにどのような方法があるのであろうか。仏教は、この日本で衰退の一途をたどるのか、それとも新たな仏教の隆盛が再度もたらされるのであろうか。本書が現代の仏教と仏教の未来を考えるヒントになればと願っている。

第一章

「ブッダ」とは

1 ブッダ観

仏教という宗教を考える場合、まずはブッダという語を明らかにすることから始めるべきであろう。ブッダという語がどのような意味をもち、どのように用いられ、歴史的展開の過程でどのように変遷していったのかなど、こうしたブッダ観を把握することが仏教を知る何よりの近道である。

†「ブッダ」とは

「ブッダ（buddha）」という語は、仏教で初めて現れる用語ではなく、すでにインド最古の聖典『ヴェーダ』や『ウパニシャッド』、叙事詩『マハーバーラタ』に「真理を悟った人」という意味で用いられており、仏教と同時代のジャイナ教の古い聖典などにも聖者や賢者などの呼称として使われていた。したがって、同じ時代に出現した仏教が、同じようにブッダという呼称を使用していたとしても何の不思議もない。それも、ゴータマ・ブッダに対してだけではなく、すぐれた仏教修行者たちにも用いられていた節が窺《うかが》われる。

実際、当時の聖者を紹介するジャイナ教の聖典『イシバーシヤーイム』には、仏弟子サーリプッタ（舎利《しゃり》弗《ほつ》）と思わせる聖者がブッダと表現されている例をみることができる。初期経典にもごく僅かではあるが、すぐれた仏弟子たちもブッダと呼ばれていた痕跡を残す資料が存在している。

その一例は、「〔ゴータマ・ブッダに〕従って悟ったひと（アヌブッダ）」という表現で、仏弟子マハーカッサパ（大迦葉《だいかしよう》）やアンニャー・コンダンニャ（阿若憍陳如《あにやきようじんによ》）を指しているものである。これらの弟子はゴータマ・ブッダの直弟子なので、「アヌ（に従って）」という接頭辞が付けられてはいるのは当然であるが、何よりも彼らもブッダと呼称されていた用例であることに留意しておく必要はあろう。他にも、ゴータマ・ブッダは「ブッダたちの中で最高のゴータマ」（『スッタニパータ』三八三偈《げ》など）と表現されている例がみられるが、これもゴータマ・ブッダ以外にもブッダと呼称されていた者が存在していたことを示している。これら以外にも、仏教修行者が複数形で用いられている例がある。

しかし、一般には仏教が起こった当初からブッダはゴータマ・ブッダだけに用いられた固有名詞と理解されている。ブッダといえば仏教を起こした開祖である釈尊（「釈迦《しやか》牟《む》尼《に》世《せ》尊《そん》」の略形）を意味し、仏弟子たちはそのブッダの教えを実践し、継承する人々であって、宗教上でも教団上においてもブッダよりも劣った存在として描かれている。簡単にいえば、仏教は唯一のブッダであるゴータマ・ブッダによって起こされ、その教えは弟子たちによって受け継がれ展開したものと理解されている。

しかし、こうした雑駁《ざっぱく》な仏教理解ではブッダという語の用法を正しく知ることはできない。正確に理解するためには、前仏教や同時代の宗教の状況、また仏教が起こった当時の状況を詳細に考察し、史実を明らかにする姿勢が求められる。

開祖ゴータマ・ブッダについては第二章で詳しく論じるので、ここでは簡単に述べておくが、古い初期経典からブッダの用例をみると、最初は普通名詞として用いられていたものが次第に固有名詞化していく過程が明らかになった。つまり、仏教の起こった当初はすぐれた仏弟子もブッダと呼ばれて普通名詞として使われていたものが、後になって何らかの理由でブッダは唯一となり、固有名詞としてのゴータマ・ブッダが誕生していく経緯が読み取れるのである。さらに、固有名詞のブッダには普通名詞のブッダには見られなかった衆生への救済性という宗教的特性が新たに付与されたということも、原始仏教におけるブッダという概念の重要な変遷であると改めて知ることができる。

ブッダという語の変遷について、異なった視点からもう少し指摘しておこう。最古の初期経典といわれる『スッタニパータ』の中でも古いとされる第四章「アッタカヴァッガ」と第五章「パーラーヤナヴァッガ」にはブッダの用例はたった一例（九五七偈）に過ぎなかったが、その後の成立とされる経典からは数多く見られるという文献上の差異は、仏教の最初期の状況がどうであったかを我々に想像させてくれる。

その資料が史実を反映しているものとみるならば、ブッダという語の仏教における定着は我々が思っているよりも遅かったのではないかということを示唆してくれる。そう考えると、当時のすぐれた聖者に対する多くの呼称から、仏教が中核となる呼称としてブッダを選び取った時期は、興起した当初からではなく、少し時間的に経過してからではないかと推測できる。この経過がブッダの固有名詞化と並行する現象と捉えることができれば、ブッダの固有名詞化もそれほど古くはなかったのかもしれない。

ところで、仏教はなぜ、そしてどのような過程をへて、多くの呼称の中からブッダという語を選んだのかという大きな問題が残っている。残念ながら、その理由は定かではない。ただ、「目覚める」という意味をもつ語根√budhより派生した「真理に目覚めた者」といった意味の「ブッダ（buddha）」に宗教的意義を見出し、選んだのであろうと理解する以外には、今のところは何も示しえないというのが実情である。

†「仏教」とは

ここで、「仏教」という用語に関しても少し述べておこう。「仏教」とは一般的に「ブッダの教え」と解釈されるが、ここでいうブッダは最初期に限っていえばゴータマ・ブッダだけでなく、修行を完成させ目覚めた理想的な仏教修行者たちを指していたのであろうから、「仏教」とはそうした彼らの教えと解すべきである。ブッダが固有名詞化されることで、それはゴータマ・ブッダに限定されて理解されるようになったのであろう。そうした変遷は第二章で詳しく述べるとして、ともかくも「仏教」とは「ブッダの教え」と解釈され、ブッダの教えを守り実践する宗教であるということが、その主意と考えられている。

しかし、「仏教」は「ブッダになる教え」とも解釈され、こちらのほうがより本来的な解釈であるとも考えられる。ブッダとは「悟った」、「自己を完成した」人で、日常世界にありながら自己を質的に転換し人格を完成させ真理を体得した者をいうのである。その「ブッダになる」ことを目ざすのが仏教なのである。つまり、自己完成のために生きることにこそ、仏教が仏教として存在する意義があるのである。これを前提とすれば、「仏教」には本来的に「ブッダになる教え」という意味が内包されていなければならないであろう。「仏教」という語に対するこうした二つの解釈は、後の仏教の歴史に流れる大きな二つの構造と合致していることに気づく。一つは自らブッダとならんとする、つまり理想的人格の確立を目指そうとする流れであり、他の一つはブッダを崇拝、信仰し、その教えを守ろうとする流れである。前者はブッダという仏教の理想を実現することをもって「仏教」と解するのに対して、後者はブッダを信仰することをもって「仏教」と考える立場である。この二つの立場は、ブッダの悟った真理に対する法信仰と、ブッダその人に対する人格信仰という捉え方もできよう。

この「仏教」に対する二つの解釈のうち、どちらの意味が本来的であったのかという問題は横に置くとして、仏教の歴史は実際のところこの二つの異なった構造をもって繰り返し形を変えながら展開してきたのである。ブッダになるだけの歴史でもないし、ゴータマ・ブッダや大乗仏教で普遍化された多くのブッダ、また宗祖に対する信仰とその教えを継承するだけの歴史でもない。この二重構造の在り方は仏教の歴史を眺めるときに重要なポイントとなるので、この構造をはっきり認識した上で、仏教の歴史的展開を考察するべきである。この問題は第三章と第四章で詳しく論じたい。

それでは、次に「仏説」という用語を取り上げ、さまざまな解釈を見ながら、ブッダの意味の変遷を眺めてみよう。

†「仏説」とその「仏」の意味の変遷

「仏説」とは文字通り「ブッダの説いた教え」を意味する。この語は経典の内容がブッダの教えであるかどうかを判断する基準ともなり、また後の大乗仏教では大乗経典がブッダの教えに基づいているのか否かという論議の際の基準ともなっている重要な用語である。

†原始仏教と仏説

開祖ゴータマ・ブッダの在世年代には二説があり、そのため原始仏教（初期仏教ともいう）の年代は定まっていない。ゴータマ・ブッダが悟って教えを説き始めたとされるのが三五歳、そして亡くなってから一〇〇年余りして部派仏教が成立したと考えられるので、原始仏教の年代は紀元前六世紀後半から四世紀中頃までという説と、紀元前五世紀後半から三世紀中頃までという説があることになる。年代の不確定さはともかくも、この時代の仏教はゴータマ・ブッダと仏弟子たちによって形成された源流ともいうべきものである。

では、原始仏教で「仏説」はどのように説かれているのかを眺めておこう。それは初期経典のうちでも後に成立したと考えられる散文経典に明示されている。『ディーガ・ニカーヤ』の「マハーパリニッバーナ経（大般涅槃経《だいはつねはんぎょう》）」には、ゴータマ・ブッダが亡くなった後に、仏教修行者がゴータマ・ブッダから法（ダンマ）と律（ヴィナヤ）と師の教え（サーサナ）を直接聞いたといっても、教えをまとめた「経典（スッタ）」と教団の生活規則をまとめた「律典（ヴィナヤ）」に照らし合わせてその内容が一致しなければ、それはゴータマ・ブッダの説いたものとはせず、同様にしてサンガ（僧伽）から、またすぐれた多くの長老たちや一人の長老から法と律と師の教えを直接聞いたとしても、それが「経典」と「律典」に一致してはじめて、ゴータマ・ブッダの言葉と認めるとしている。つまり、仏説であるか否かを決定する根拠は「経典」と「律典」にあるとする。この散文経典からわかるように経典と律典に説かれている内容こそがゴータマ・ブッダの説いたことば（ヴァチャナ）、つまり仏説であると理解されていたことになる。

しかし、散文経典は原始仏教でも比較的遅く成立したことを考慮すれば、こうした理解が最初期からなされていたかは疑問である。なぜなら、ごく最初期の仏教では複数のブッダの存在が認められるので、そうした時代の「仏説」の「仏」はゴータマ・ブッダだけに限定されていたわけではなかったし、また経典や律典もゴータマ・ブッダ滅後、それなりの時間をへて成立したことを考えると、こうした規定が当初からあったかどうか疑わしいからである。

†部派仏教と仏説

ゴータマ・ブッダが亡くなって一〇〇年余りして仏教教団は上座部と大衆部の二つに根本分裂し、原始仏教から部派仏教の時代に入ったとされる。年代的にはアショーカ王が即位していた紀元前三世紀中頃以降には数多くの部派が興ったといわれ、歴史上には説一切《せついっさい》有部《うぶ》を始めとして一八とも二〇ともいわれる部派が存在したと伝えられている。

それでは、部派仏教時代に入ると「仏説」はどのように理解され定義づけられることになるのであろうか。原始仏教時代においては、経典と律典がゴータマ・ブッダの教えと周知されていたが、この時代になると、実際には経典に多くの相反する教えや矛盾する教えすら存在していることに直面し、何をもって仏説といいうるのかという疑問が生じることとなった。どちらの教えが仏説なのか、その理由は何か、といった問題が起こってきたのである。経典には誤った内容など説かれているはずはない。したがって、一方が正しく、他方が誤りという判断はありえないのである。

そこで、論師たちが考え出した苦肉の解釈が、了義《りょうぎ》と未了義という捉え方である。了義とは文字通り「ブッダの真実の教えに導かれたもの」で、未了義とは「ブッダの真実の教えがわずかに推測されるもの」であり、言い換えると前者はブッダの真意が説かれていて、そのまま理解すべき教えであり、後者はブッダの真意が完全に明らかになっておらず、あるいは奥に隠れてしまっていて、そのままでは理解できない教えという意味になろう。

部派仏教の論師たちの興味は、なぜブッダが真意を完全に明らかにせず、そのままでは理解できない教えを説いたのかという点にあった。すなわち、この疑問の探求こそが、それぞれの部派における独自の解釈の端緒ともなった。ゴータマ・ブッダの教えの解釈や研究をアビダルマというが、このことから部派仏教は別名アビダルマ仏教ともいわれるのである。こうした知的所産は論書という形態に結実し、その集まりが論蔵といわれるものであるが、部派仏教は多様性や矛盾を内包した経典の経蔵よりもこの論蔵こそをブッダの真意を補完し明らかに示しえた最高の仏説として位置づけることになる。部派仏教におけるもっともすぐれた「仏説」とは、論書に他ならないのである。

しかし、このように初期経典を了義と未了義という基準で分けて仏説の意味を解釈しようとするのは、裏を返せば初期経典には相反する教えなどが多様に存在している事実を暗示している。また、部派仏教が論書を最高の仏説と主張する姿勢は、実際はそうでなくとも表面上からみれば、歴史的ブッダの教えに対する軽視とも受け取られかねない。

部派のそうした捉え方と連動するかのように、「仏説」の「仏」の意味も変化する。たとえば、スリランカの上座部では「仏」は変わることなくゴータマ・ブッダただ一人を指すものと考えるが、一方でインドの説一切有部のようにゴータマ・ブッダの他にもブッダと同等な宗教的境地を体得した阿羅漢《あらかん》を指す部派もある。

部派仏教教団の数は一八とも二〇ともいわれ、そのすべてではないが、それぞれの部派では自分たちの解釈による仏説こそが最高であると定立する。それを全体からみれば、多数の異なった仏説が存在することになり、結局のところ論蔵も経蔵と同じように多様性を抱え込むといった自己矛盾に陥ることにもなった。その故であろうか、部派仏教の教えは大乗仏教から未了義と非難されることにもなる。

†大乗仏教と仏説

紀元前後頃、部派仏教の出家主義を批判しつつ、新たにゴータマ・ブッダの教えを大きく転回させた大乗仏教は、ブッダ観にも大きな展開を生む。

大乗仏教が起こる以前にも、ゴータマ・ブッダの前に六人ものブッダが出現したという過去仏や、五六億七〇〇〇万年後に弥勒菩薩《みろくぼさつ》が衆生救済のために未来仏として出現するという考え方はあった。それらは、いずれもゴータマ・ブッダの永遠性や救済性を説くものであっても、未だ大乗仏教のブッダ観の予備的段階ともいうべき考え方である。

大乗仏教になると、ゴータマ・ブッダを一人の偉大な完成者として尊崇するのは勿論《もちろん》のこと、何よりも彼の悟った真理（法）そのものに対する信仰が強調され、それまでの歴史的ブッダから普遍性や救済性に焦点を合わせた新たなブッダが誕生する。つまり、ゴータマ・ブッダに取って代わり崇拝と信仰の対象となる普遍なるブッダの出現である。ブッダの身体について種々に考察された仏身論とも相伴って、それまでの仏教とは異質とも思えるほどの大きなブッダ観の変容がみられる。

具体的にみると、『無量寿経《むりょうじゅきょう》』に説かれるように無限の光明と無限の寿命をもつ阿弥陀《あみだ》仏《ぶつ》が西方極楽浄土《さいほうごくらくじょうど》に存在しているという他方仏《たほうぶつ》の考え方が起こった。さらには、『華厳経《けごんぎょう》』や密教の『大日経《だいにちきょう》』、『金剛頂経《こんごうちょうきょう》』の教主として中心的尊格として説かれる毘盧遮那仏《びるしゃなぶつ》、大日如来《だいにちにょらい》のように、この世の十方いたるところに遍満しているブッダも説かれるようになった。こうしたブッダは数多く出現し、ゴータマ・ブッダが悟った真理そのものがブッダとして普遍化され、一方で救済者として人々の信仰の対象となったのである。

一方、『法華経《ほけきょう》』のようにゴータマ・ブッダがガンジス河中流域のブッダガヤで悟りを得たのは方便であって、実際は遥か過去に悟っていて、衆生を教化し続けてきたと理解し、ゴータマ・ブッダに永遠の生命をみる、いわゆる久遠実成《くおんじつじょう》のブッダを唱えた立場も存在した。

このように、大乗仏教の説くブッダは、ゴータマ・ブッダが悟った真理をブッダ化して普遍性と救済性を伴う存在へと大きく転換するものの、依然としてゴータマ・ブッダの教えを継承していると考え、大乗仏教の教えも仏説であると主張した。つまり、新しく創出されたいずれの大乗経典もゴータマ・ブッダの直説を継承した仏説であると位置づけたのである。

部派仏教が論書を最高の仏説としたのにも、また大乗仏教が新しい経典を仏説というのにも、そこには根拠がなければならない。そこに共通する根拠を挙げるとすれば、仏説とみなしうるのは、たとえゴータマ・ブッダの直説でないとしても、その教えが永遠の真理である法性《ほっしょう》に適《かな》うものであればよいと考えた点であろう。

特に、新しく起こった大乗経典の教えも仏説と捉えることができたのは、大乗仏教にはどの仏教修行者もゴータマ・ブッダが前世でそうであったように、菩薩として修行を重ねれば、ついには悟りを獲得することができ、また心を集中させる三昧《さんまい》の実践を通じて、この現在にゴータマ・ブッダに直接まみえることができるという、ゴータマ・ブッダとの深い関係を自覚していたからであろう。

しかし、こうした主張に対して大乗経典は仏説ではないという立場も存在する。この大乗非仏説は、大乗経典はゴータマ・ブッダが説いた経典ではないとする考え方であるが、これは大乗仏教経典にいかにも歴史的ブッダを超越した壮大なブッダが描かれていることに起因するのであろう。インドや中国でも指摘されてはいるが、本格的に論じられたのは江戸時代の富永仲基《とみながなかもと》によってであり、それ以後明治時代の近代的仏教学の確立とともにその真偽が検証されることになった。いずれにしても、大乗仏教はゴータマ・ブッダの教えを継承したと主張しても、やはりブッダの概念の大きな転換は否めず、仏説の意味も大きく変容したと理解するのが妥当であろう。

以上、ブッダと仏説という点からまとめてみれば、仏教が興起した当時、ブッダとはゴータマ・ブッダただ一人ではなく、他にも悟りを得たブッダたちが存在していた。しかし、教団の形成とともに開祖であるゴータマ・ブッダが唯一のブッダとされ、それ以後はその立場からブッダが語られる。初期経典はまさにその状況を表出しているのである。したがって、原始仏教の時代におけるブッダの意味は必ずしも一様ではないが、仏説は悟りの境地を体得したゴータマ・ブッダの教え（経典と律典）という意味で理解できよう。部派仏教の中でも、とりわけ説一切有部では仏説のブッダの意味は阿羅漢という概念をも含み、仏説は初期経典よりも論書において完成したものと解釈し、大乗仏教ではブッダそのものの意味が大きく転換するが、それぞれの大乗経典に出現した新たなブッダの教えも仏説であると解釈されるようになる。こうした部派仏教や大乗仏教を通して仏説の展開をみると、いずれもゴータマ・ブッダの教えを新たに解釈する側の立場こそが本来的な仏説であると主張しているといってよいであろう。

「ブッダ」は、仏教において本質的な語である。開祖ゴータマ・ブッダに始まる宗教においては、その教えは原理として決して冒してはならない聖域であり、それがそのまま継承されなければならないはずである。にもかかわらず、こうした変容がみられることは宗教学的にみて特筆すべき点である。実際のところ、仏教が起こってから三、四世紀を経て大乗仏教が出現して、この問題に大きくて多様な変化が生じた事実は、仏教という宗教は何であるかを我々に提示してくれている。単に変容しているだけではなく、変容した新たな解釈にこそ真の在り方が示されているとそれぞれが自己評価している点には特に留意する必要があろう。こうした展開は、以後の歴史において一層多岐にわたり多様化し複雑化することになる。

†過去仏と未来仏

ブッダを論じる場合、他にもさまざまな視点がある。その一つが過去仏思想および未来仏思想である。この考え方はゴータマ・ブッダを遥か過去から続く永遠の存在として、一方で未来永劫に続く永遠の存在として表現したものである。具体的には、ゴータマ・ブッダ以前にも遥か過去においてすでに六人もの真理を体得したブッダがおり、また一方で未来にはゴータマ・ブッダに代わる弥勒仏が出現し、人々を救済するという思想である。

こうした思想は、見方を変えればゴータマ・ブッダの存在を永遠の過去と未来という時系列の側面から権威づけるための理論武装ともいうべき作業であったとも考えられるであろう。上でも少し触れたが、ブッダの固有名詞化に伴ってブッダの絶対化が進むと、それに連動して権威を強化するために歴史的ブッダを過去仏と未来仏に結びつけ、ブッダを過去より現在に、現在より未来に至る時間的永遠性の中に位置づけるという理論化が行われたと考えられる。こう考えると、過去仏と未来仏思想はブッダの絶対化との関連で考えるべき問題なのかもしれない。

この考え方は比較的早くからあったようで、初期経典の『サムユッタ・ニカーヤ（相応《そうおう》部《ぶ》経典）』の第六章「梵天相応《ぼんてんそうおう》」の偈に「過去に悟ったブッダたち、未来に悟るブッダたち、現在多くの人々の憂いを取り除くブッダ、彼らすべては正しい教えを重んじ、過去にもいたし、現在もいるし、未来にもいるであろう。これがブッダといわれる方々の法則である」と、現在のブッダ以外にも過去仏、未来仏の存在を説いている。

また、『テーラ・ガーター（長老偈《ちょうろうげ》）』（四九〇、四九一）には、ヴィパッシン（毘婆尸仏《びばしぶつ》）、シキン（尸棄仏《しきぶつ》）、ヴェッサブー（毘舎浮仏《びしゃふぶつ》）、カクサンダ（拘留孫仏《くるそんぶつ》）、コーナーガマナ（拘那含牟尼仏《くなごんむにぶつ》）、カッサパ（迦葉仏《かしょうぶつ》）の六仏とゴータマの、いわゆる過去七仏の名がみられ、真理そのものになった彼らが真実の教えを説いたとされる。この過去七仏の名は『ディーガ・ニカーヤ（長部《ちょうぶ》経典）』の「マハーアパダーナ経（大譬《だいひ》喩経《ゆきょう》）」にもみられ、諸仏の出自などが詳しく述べられる。そのうち第一仏のヴィパッシーの伝記には兜率天《とそつてん》から母胎に入ったことや、生まれてすぐに七歩あるいて世界の最勝者《さいしょうしゃ》と宣言したことや、若き日に宮殿の四つの門で老人・病人・死人と出家者に出会い、人生の苦を感得し、自分のこれから生きる道は出家にあると確信したといわれる四門出遊《しもんしゆつゆう》の伝説などが記されており、ゴータマ・ブッダの内容とほぼ重なり合っている。

こうした現象は、遥か過去において最初に真理を体得したブッダとゴータマ・ブッダを同一視することによって、ゴータマ・ブッダ自身とその教えが永遠性を有するものであることを示そうとしたものであろう。過去七仏が共通して教えたのは、「諸悪莫作《しよあくまくさ》、衆善奉行《しゆぜんぶぎよう》、自浄其意《じじようごい》、是諸仏教《ぜしよぶつきよう》（悪をなさず、善を行い、みずからの心を浄めること、これがもろもろの仏の教えである）」という偈で、一般に七仏通戒偈《しちぶつつうかいげ》として伝えられているものである。

インドからスリランカなどへと南方に伝承したパーリ聖典では、この発想はさらに展開し過去に二四のブッダが存在し、ゴータマ・ブッダを第二五番目のブッダとする過去二五仏説が考え出されるようになった。他にも、インドの部派仏教においては一五仏と一菩薩、一七仏群、九九仏などさまざまな説が唱えられるようになる。

こうした過去仏思想は、歴史的ブッダの永遠性を理論化するために説かれたと指摘したが、それとは違った側面もみえる。我々はゴータマ・ブッダを仏教の出発点や原点とみなすが、過去仏の発想はこれより遥か以前に悟ったブッダが複数存在したことを挙げ、ゴータマ・ブッダをその展開の一つの過程に位置づけているという側面もある。こうした発想は、それぞれの時代に聖者として出現し続けてきたブッダの連続性こそが仏教の歴史であることを示唆していると同時に、その後の二五〇〇年の仏教の歴史的展開を見事に先取りしているかのようにも思える。

次に、未来仏についてであるが、弥勒仏の出現は『ディーガ・ニカーヤ（長部経典）』の「チャッカヴァッティ経（転輪王《てんりんおう》経）」において初めてみられる。荒廃した時代にサンカという転輪王が出現し、正しい法によって世界を治めるとき、ゴータマ・ブッダは弟子たちにメッテッヤ（弥勒）という世尊が阿羅漢として正等覚者《しょうとうがくしゃ》として仏として世に出現するはずであり、そしてすばらしい教えを説いて数千のサンガ（僧伽）に囲まれることになろうと説いたとされる。このメッテッヤが未来仏の原初的な形態であろう。

未来仏は過去仏に比べて成立は遅く、過去仏を契機として発想されたものであろう。この未来仏としての弥勒仏の整った説話は、漢訳『増一阿含経《ぞういちあごんぎょう》』にみることができる。未来久遠の時代に兜率天にいた弥勒菩薩がこの世に生まれ無上道を悟って弥勒仏となった。その一方で、ゴータマ・ブッダの弟子であったマハーカッサパは滅尽定《めつじんじょう》に入ってからも弥勒仏の出現までずっと待ち続け、遂に弥勒仏に出会うとゴータマ・ブッダからの衣を手渡し、それを受け取った弥勒仏は無数の人々を阿羅漢へと導く、という話が説かれている。弟子を介して弥勒仏に衣を渡すところに、ゴータマ・ブッダの法の継承が見て取れる。

未来仏と過去仏という発想は、結局のところ過去から現在へ、現在から未来へと真理と教えが永遠に持続していることを論点として説かれており、その意味からもこうした未来仏の要請は歴史的必然といってよい。この説話をもとに、弥勒に関する経典がさまざまに誕生するが、その代表的な経典が『弥勒下生経《みろくげしょうきょう》』である。人間の寿命が八万四〇〇〇歳になったときに、弥勒菩薩が兜率天からこの世界に下生して、弥勒仏となってすべての衆生を救済することを説いた経典である。弥勒仏が出現する年代は、現代の数え方によれば五億七六〇〇万年となるものが、何らかの理由で五六億七〇〇〇万年と読み替えられたともいわれる。兜率天からこの世に下生するなどの説話はゴータマ・ブッダの仏伝と共通しており、これもある意味ゴータマ・ブッダの未来への継続性を感じさせる。

ブッダの体得した真理とその教えが、時系列において永遠であることを明確化するために過去仏、未来仏が生じたのであろうが、逆に真理と教えが時代とともに衰退していく捉え方もある。それが次に述べる正法《しょうぼう》・像法《ぞうぼう》・末法《まっぽう》という三時説である。

†正法・像法・末法

ゴータマ・ブッダの真理と教えが永遠であることを説いた過去仏と未来仏の考え方とは違った、ある意味で正反対ともいえる発想があった。ゴータマ・ブッダが亡くなった後の仏教を正法・像法・末法という三種に時代区分したこの発想は、ゴータマ・ブッダの仏教が展開の過程でどのように伝わっていくのか、また仏教を受容する人々の能力がどうであったのかを、時の推移につれて衰退していく視点で捉えたものである。

正法はゴータマ・ブッダの教えと、それに基づいた修行と、その結果として体得する悟りの三つが正しく整っている時代であり、像法の時代になると教えと修行とは残るが、悟りを完成できなくなり、末法に入ると教えだけしか残らず、修行して悟りを得ることのできないという時代である。さらに、教えすら失われた時代を法滅《ほうめつ》という場合もある。

ゴータマ・ブッダの仏教が時の経過とともに廃れ消滅するといった考え方は、ゴータマ・ブッダの時代の仏教がいつまで続くのであろうかという危機感の所産ともいえよう。それは、いつまでも続いてほしいという願いの裏返しでもある。一方で、こうした危機感が時代に即した固有の仏教を生み出す契機となったのも事実である。末法観が日本で平安時代の末期から鎌倉時代にかけて起こった浄土教《じょうどきょう》など新たな仏教運動の背景となったことなど、その一例として挙げることができよう。

こうした発想の芽生えは、すでに原始仏教の時代からあったことが知られる。『サムユッタ・ニカーヤ（相応部経典）』（二六・一三）によれば、以前は学ぶべき事柄が少なかったにもかかわらず多くの仏教修行者には智慧が確立していたが、今は学ぶべき事柄が多いのに多くの仏教修行者には智慧が確立していないのはどうしてなのかと、マハーカッサパに問われたゴータマ・ブッダは、今の状況は人々が衰退し正法が滅しつつあるからであるとし、正法が滅すると像法の世が生じると説く。そして、正法が滅する理由を、男女の仏教修行者（比丘《びく》・比丘尼《びくに》）と男女の仏教信者（優婆塞《うばそく》・優婆夷《うばい》）が師と法と僧伽《そうぎゃ》と学びと三昧を尊重せず従わずにいるからであると説く。

ゴータマ・ブッダの仏教が衰退するのは、何も後代になってから始まったのではなく、原始仏教の時代にその前兆はみられ、律典などにもいくらでもそうした事例がみられる。おそらく、当時の教団には次第に正法が失われていくのではないかという危機感が生まれていたのであろう。その状況下で、正法の消滅と像法の出現が説かれたのである。像法の「像」の語は「相似した」という意味で、正法に似た状況ではあるものの、それよりも衰退した状況を表現する用語である。

ここには末法はまったく触れられていないが、この段階では正法の存在と継続との問題が重大であっただけに至極当然なことである。末法の発想はそれ相当の時間の経過を必要とするものであろうが、そうした考えを生む下地はすでに像法が発想された時点で内包されていたとみるべきであろう。その末法の発想が生じてくるのには、世界の生成から破滅にいたる仏教の宇宙論の影響があったからであるとも考えられる。そこには戦争や飢餓、疾病、社会の混乱などが起こる「世界の存続する期間（住劫《じゅうこう》）」が繰り返されるという考えや、また住劫の寿命が減少する期間に起こる五つの災難（五濁《ごじょく》）、つまり時代の汚れ、邪悪な見解、煩悩の増大、人間の資質の低下、寿命の減少が、乱れた世界や末世を産み出すといった世界が描かれている。

末法を含めたこうした正法・像法・末法の三時に時代を区分するのは、六世紀の中国の南北朝末期になってからであるといわれている。三時の期間については異説もあるが、一般的には正法はゴータマ・ブッダの滅後五〇〇年あるいは一〇〇〇年間をいい、像法も次の五〇〇年あるいは一〇〇〇年間で、末法はそれ以後の一万年をいう。

時代的には少し前になるであろうか、これと似た時代区分がインドにあったようで、それは大乗経典『大集経《だいじっきょう》』の「月蔵分《がつぞうぶん》」に説かれる五堅固の説であり、ゴータマ・ブッダ滅後の二五〇〇年の間において衰退していく経過を五〇〇年ごとに五つに時代区分する考え方である。最初の五〇〇年は解脱を得る者が多くいるという意味から解脱が堅固な時代といわれ、次の五〇〇年は禅定《ぜんじょう》・三昧に住する時代であり、続いて仏法を聞き学ぶことに熱心な時代、仏塔などを造ることが盛んな時代となり、そして最後の五〇〇年は互いに言い争うなど混乱の時代になるとされる説である。

日本では、末法の考え方はすでに奈良時代より伝えられていたが、その後、正法一〇〇〇年、像法一〇〇〇年説に従い、紀元前九四九年のゴータマ・ブッダの死から数えて二〇〇〇年後の一〇五二年より末法の到来であると考えられた。当時の戦いによる混乱した社会的状況、自然災害による飢饉、それに加えて末法意識の高まりは、浄土教という仏教が急速に広まる原因ともなったのである。

三時という時代区分はいかにも比喩的なもののように思えるが、よくみると仏教の歴史的な歩みのありさまを客観的に捉えているようでもある。教えだけは末法まで存続するが、時代とともにまず悟りが消え、次に修行が消滅する経緯は、実際の仏教の歴史的展開を見事に言い当てている。それに照らして、ほぼ教えしか残っていない今日の日本仏教の状況を眺めると、今も末法の時代が続いていると改めて感じられる。

†一仏か、多仏か

時系列で捉えられたブッダは、同時に空間的にもその在り方が問われてくる。初期経典の『マッジマ・ニカーヤ』の「バフダートゥカ経（多界経《たかいきょう》）」には、一つの世界に二人のブッダが同時に現れることは不可能で、一つの世界に一人のブッダが現れることが道理であるとし、ブッダの出現はこの世界でたった一人であることが説かれている。

部派仏教の時代に入っても、説一切有部に代表される部派では、三千大千世界に二人のブッダは同時に出現しないとした。ブッダは無量の威力と無量の神通力ですべての衆生を救済することができるので、三千大千世界に出現するのは一人のブッダであると解釈する立場であった。それに対して、大衆部《だいしゅぶ》などはブッダといえども一人で三千大千世界を教化することは不可能と考え、複数のブッダが存在すると解釈するのが正しいとした。このように、部派仏教ではブッダは同時には一人しか存在しないという考え方と、二人以上のブッダが存在するという考え方とで、見解に相違が生じた。

大乗仏教になると、『大智度論《だいちどろん》』にみられるように三千大千世界には複数のブッダが存在するという立場をとった。いくらブッダであっても、その無量の威力と無量の神通力ですべての衆生を一人残らず救済することは不可能であるとした。また、ゴータマ・ブッダが亡くなってから弥勒仏が出現するまでのブッダのいない時代もあり、結局はそれらを補うためには複数のブッダが存在することを想定しなくてはならないと考えたのであろう。しかし、三千大千世界において多くの菩薩が願いを必ず成就するとの誓願を立て六波羅蜜《ろくはらみつ》（布施《ふせ》・持戒《じかい》・忍辱《にんにく》・精進《しょうじん》・禅定・智慧《ちえ》）を実践してブッダになることをめざしているが、三千大千世界において二人の菩薩が同時にブッダになることはないとする。

大乗仏教の経典や論書に説かれる一仏・多仏の問題については、ブッダの存在する場所が三千大千世界からそれらが無数に集まり無限に拡がる十方《じっぽう》世界へと移されたり、以下に述べる仏身論や他方仏と関係づけられたりと、さらに多様にして詳細に論じられることになる。

宇宙ともいうべき世界の中でブッダは一人か多数かという問題を述べたが、ここでそれに関連して歴史上のブッダの一・多についても少しだけ述べておこう。

仏教の興起時代、ブッダはゴータマ・ブッダだけではなかった。理想的な修行を完成させ悟りを体得した仏教修行者が複数存在したことはすでに述べた。多仏という発想は何も部派仏教の大衆部や大乗仏教で初めて起こったわけではなく、仏教が興起した時代にもあったのである。

ところが、おそらく教団上の事情があってのことであろうが、ブッダは一人となり、それに連動してそれまでブッダと呼称されていた仏弟子たちはそれに代わって阿羅漢などと呼称され、ブッダとは呼ばれなくなった。このような仏教の最初期において歴史上に存在したブッダたちの一仏化への変遷は、ここで述べた問題とは思想的背景などからも大きく異なってはいるが、複数のブッダと一人のブッダという歴史が三千大千世界において一仏・多仏が問題となる以前にも存在したことを教えてくれる。

2　仏身論

ゴータマ・ブッダを語るとき、何を悟り何を説いたのかという点が主題となるが、他方で真理を悟った理想的な存在者としてのブッダはどのような身体性を有していたのかということも重要な視点である。この視点からブッダを論じたのが、いわゆる仏身論《ぶっしんろん》といわれるものである。しかし、仏身論に焦点が当てられたのはそれほど古くはなく、大乗仏教成立の頃からであり、そこから大きく展開を遂げる。では、それ以前にゴータマ・ブッダの肉身がどのように認識されていたのかを、まず初期経典から眺めてみよう。

†原始仏教のゴータマ・ブッダ観

初期経典の『イティヴッタカ（如是語《にょぜご》）』には二種の涅槃《ねはん》が説かれている。その一つが有余依涅槃《うよえねはん》といわれ、「煩悩《ぼんのう》を滅し、修行を完成し、なすべきことをなし終え、重荷を下ろし、自己の目的に達し、迷いの生存の束縛を滅し、完全智によって解脱している」境地であるが、しかし未だ「五種の感官が存続し、損なわれているから、悦ばしいことと悦ばしくないことを経験し、楽と苦を感受し」、肉身に束縛された状態から離れることはできない涅槃のことである。他の一つは無余依涅槃《むよえねはん》といい、これは有余依涅槃と同様に「煩悩を滅し、……完全智によって解脱」していて、さらに「すべて感受されるもの、喜ばれないものが清涼」となった境地とされ、すべての束縛から離れた涅槃である。有余依は語義からみると「未だ執着がある状態」を意味することから、五感による苦楽を未だ感受する状態であるのに対して、無余依はすべてにおいて「すでに執着がなくなった状態」なのである。

つまり、二種涅槃論は執着が残っている状態と消滅した状態とに涅槃を区分した見解である。この違いは肉身を有している状態と死によって肉身の束縛がなくなった状態とも解釈される。そう考えれば、この涅槃論は、実は涅槃を生存と死という両面から捉えた考え方とも解釈できる。初期経典には、無余依涅槃の用例が多く、これに重点が置かれているとすれば、ゴータマ・ブッダの悟りは彼の死によって完成されたと考えられていたことになろう。逆にいえば、肉身は不完全性を示す要素と考えられていたことになる。

しかし、最初期の仏教では、涅槃は死とは関係なく、生存中に体得することを目的としていた。涅槃とは語義の上からも「煩悩を消滅した状態」を意味し、煩悩を消滅しようと修行に努めることができるのも、生きていればこそという考え方が前提となる。最古の経典といわれる『スッタニパータ』の第五章「パーラーヤナ・ヴァッガ」は涅槃と煩悩の消滅を主題としており、涅槃の境地はこの世において実現されるものであることが強調されていた。そこには、現に存在し一人の人間として人格を完成させたゴータマ・ブッダに対する尊崇の念が人々にあったからであろう。

では、どうして死によって悟りが完成されたと解釈されるようになったのであろうか。おそらくは、ゴータマ・ブッダの死に直面した仏弟子たちが、そこにすべてのとらわれから解放された究極の姿を見たからであろう。だから、ゴータマ・ブッダが亡くなったとき、その死は「死ぬ」という一般的な表現ではなく、死と直接関係しない、煩悩を滅したという理想的な宗教的境地を意味する涅槃という語を用いて表現された。

しかも、「涅槃」というだけでなく、「般涅槃《はつねはん》」と表現したのである。この「般」とは完全を意味する接頭辞で、煩悩を完全に消滅した状態を強調するために「般涅槃」としたのである。つまり、死こそ悟りの完成と認識したのであろう。裏を返せば、ゴータマ・ブッダが生きている間は肉身を保った状態であり、その状態では未だ完全には煩悩を滅していないと解釈されたのである。この発想が二種の涅槃という考え方を生んだのであろう。このようにして、ブッダの死を契機として三五歳で悟ったゴータマ・ブッダも肉身を保持して生きている限り、完全には煩悩を断ち切れなかったと考えられるようになったのである。

こうした仏弟子によって捉えられたゴータマ・ブッダの身体観とは別に、ゴータマ・ブッダが自身をどのように認識していたのか少しみてみよう。「マハーパリニッバーナ経（大般涅槃経）」に、ゴータマ・ブッダが八〇歳となった最晩年、古ぼけた荷車が革紐の助けで動くように、自らの身体もそのように動いているに過ぎないと、死の近いことを自覚し、悲しむ愛弟子アーナンダに語った言葉は、一般的に自帰依《じきえ》・法帰依《ほうきえ》として知られている。それは、自らをよりどころとし、他をよりどころとせず、法（真理）をよりどころとしていることこそ、修行者の在るべき姿である、と諭《さと》した言葉である。

ゴータマ・ブッダのこの言葉の真意は、アーナンダに対する修行者としての心構えを教えたもので、アーナンダがよりどころとすべきは、師であるゴータマ・ブッダに対してなのではなく、アーナンダその人と法にあると説くところにある。この法こそは、ゴータマ・ブッダが出現しようがしまいがこの世界にある真理を指し示すのであろうが、そうだとすればこの言葉は一人の歴史的な人間存在を超えた真理をよりどころとせよというのである。死後、ゴータマ・ブッダが体得した真理にこそ、師としてのゴータマ・ブッダが息づいていると教えているのである。

このように、ゴータマ・ブッダが自分の死後、仏弟子に法（真理）をよりどころに修行に励めよと教えたことと、仏弟子がゴータマ・ブッダの死をもって完全な悟りであると解したこととは直接関係しないようにみえるが、しかし両者ともにゴータマ・ブッダは死後、肉身を離れても真理として存在し続けるという捉え方が読み取れる。それは悟った一人の人間ゴータマ・ブッダの真理への純化、つまり法身（法性）としてのブッダへと展開する出発点となったのである。

しかし、現実にはゴータマ・ブッダは信者の心の中に死後も歴史的存在として生き続けており、彼の肉身の名残ともいうべき遺骨、遺品、また彼の歩んだ遺跡などが追慕や信仰の対象となっていた。

このように原始仏教では、生存中において悟って人格を完成させることを目的としていた時代から、ゴータマ・ブッダの死を目の当たりにすることで肉身を伴って生存しているブッダよりも、肉身から離れたブッダの存在に完全性を見出し、ブッダとその教えに真理を見るという考え方に変容していったと理解できる。

部派仏教になると、部派によって見解の相違もみられるが、原始仏教での流れを受け、生存中の肉身を保った物質的な状態にあるゴータマ・ブッダを「生身（色身《しきしん》）」と理解する一方で、真理を内包したブッダの教えは「法身《ほっしん》」と考えられ、さらにブッダの悟りそのものも「法身」と解釈されるようになる。

†三十二大人相

こうしてゴータマ・ブッダには歴史性と真理性の二面が内包されると解釈され、肉身を保持している歴史的ブッダは不完全であるとされたが、たとえそうであっても、悟りを得たゴータマ・ブッダには超人的とも思える理想的な肉身が備わっていると考えられた。それは、常人を超越した優れた肉体的な特徴を具体的に示す、いわゆる三十二大人相《さんじゅうにだいにんそう》というものである。この捉え方は原始仏教の時代でもさほど古くはなく、『スッタニパータ』の第三章「セーラ」の散文部分にみられる。三十二大人相を具えている偉人は、インド神話に出てくる世界を統一した理想の転輪聖王《てんりんじょうおう》か、悟りを開いたブッダであると考えられていた。セーラ・バラモンはゴータマ・ブッダに三〇種の大人相しかみなかったが、ゴータマ・ブッダは神通力で男根を身体におさめている陰蔵相《おんぞうそう》と顔を覆うほど大きい広長舌相の二相を現し、三十二大人相を具足していることを示したとある。三十二大人相をいちいち取り上げることはしないが、たとえば扁平足であること、手足の指に水かきがあること、肌が金色であること、歯が四〇本あること、瞳は青蓮華のように青いこと、頭上の肉が隆起していること、眉間に白い旋毛があることなどが代表的な相である。また、この三十二大人相に付随してブッダの身体にともなう優れた、比較的小さな特徴を表現する八十種好《はちじっしゅごう》も説かれるようになる。これが後に製作される仏像の諸要素となったのである。こうした捉え方は、真理と一体化するブッダ観とは違い、あくまでもブッダの肉身の理想的な特徴を追い求めた結果である。ブッダが我々と同じ人間であっても、いかに偉大にして超人的な存在であるのかを示そうとした結果でもある。過去仏と未来仏が永遠性という時間の概念での捉え方というならば、この三十二大人相は肉身の超人性という概念での捉え方といふべきであろう。こうした理論武装ともいうべき過程を経ながら、歴史上のブッダは多様に変容していく。

†大乗仏教の仏身論

仏身論は大乗仏教に入って大きく展開する。ブッダに対する捉え方は、大乗仏教に入っても当初は部派仏教での解釈を継承していたが、次第にゴータマ・ブッダを肉身即ち色身と、体得した真理としての法身という二面より理解するようになる。

初期大乗経典の『般若経《はんにゃきょう》』には色身と法身の名称はみられないが、それらを窺わせる記述があり、その註釈書である『大智度論』でははっきりと二身説が説かれる。また、『法華経』では法身と称することはなかったが、寿命無量で久遠実成のゴータマ・ブッダを過去・現在の諸仏の本体と説いている。『華厳経』には色身と法身が一対となって説かれており、この段階になっていわゆる二身説が成立していたと考えられるが、中でもブッダの法身はあらゆる世界に遍満する永遠の存在であると考えられるようになる。こうして、当時の人々にとってすでに消滅してしまったゴータマ・ブッダの色身と、未来永劫に不滅であり続ける法身という二つの仏身観が定着する。

四世紀から五世紀になると、この仏身観に新たな解釈が起こった。それが三身説と称されるものである。三身とは、法身、報身《ほうじん》、応身《おうじん》のことで、法身とは法性ともいうべき真理そのもので人格を有さない仏身とされ、新たに設定された報身はブッダとなろうと修行を重ね、それによって完全な功徳を具えた仏身をいい、応身は衆生救済のためにこの世に現れた人格を有する仏身のことで化身ともいわれる。三身説は、これ以外にも法身、解脱身《げだつしん》、化身《けしん》に分類する説や、自性身《じしょうしん》、受用身《じゅゆうしん》、変化身《へんげしん》などに分ける説がみられる。

こうした仏身説は、大乗仏教の経典や論書において大乗思想の中心的な概念として、宇宙論などのさまざまな思想と関連しながら発展を遂げ、時代につれ壮大にして精緻な仏身論が構築されることになる。

特に『華厳経』から密教への展開において、法身である毘盧遮那仏は十方世界に遍満し、智慧と実践という視点から仏身論が確立され、密教になると曼荼羅《まんだら》にみられるように大日如来が無量の仏・菩薩などの中心となり、すべてが統一されている世界が形成された。仏身は本体、性質、作用などの側面から詳細に論じられ、体系的な仏身論を構築することになる。さらには、諸仏も存在物すべても宇宙の源としての仏が生み出すという考え方も生じた。そのような仏を法身として詳論するさまは、大乗仏教の仏身論の極致ともいうべき世界を表現することになる。

仏身論はインドで展開する一方で、中国から日本においても進展する。ただそこでは、それまでと少し論点は変わり、ゴータマ・ブッダやそれ以外の諸仏、たとえば阿弥陀仏は化身であるのか、報身であるのかなど、諸仏を三身のどれに当てはめるべきかという論議や、また信仰対象となるのは、悟った真理に対する法信仰か、歴史上の偉大なゴータマ・ブッダに対する人格信仰のいずれなのか、またどちらが優先されるべきかといった内容などが主であった。ブッダを身体性の側面から描いたこうした仏身論の展開は、ブッダへの篤い信仰に裏付けられ、その時々に生きた人々の要請によって創出されたブッダ観の一側面を示している。

以上、ブッダ観や仏身論を概観した。紀元前五世紀頃、インドのガンジス河中流域においてゴータマ・ブッダにまみえ、ゴータマ・ブッダの声を聞き、ゴータマ・ブッダから教えを受けた人々が、ブッダとはいかに理想的な存在であるのかと感動したことに始まって、仏教は人々の宗教的な要請に基づきながら伝播したさまざまな時代と地域において時々刻々といっても過言でないほどに変容した。まさに、それに呼応するかのようにブッダ観や仏身論も変容し、新たな仏教の世界が創出されていく歴史がここにはみられるのである。

3　阿弥陀仏の誕生

原始仏教から部派仏教への展開の過程で、ゴータマ・ブッダの教えは、新たな解釈が加えられたり体系化が進められたり、中には思想的に補完されるといった側面もみられるが、そのほとんどは継承された。

しかし、大乗仏教の誕生は、原始仏教、部派仏教からの連続性を保持しつつも、それまでにはなかった宗教的価値を新たに示し、仏教の流れを大きく転換する契機となった。ブッダ観、仏身観はもちろんのこと、どの仏教者も他の人々のために利益をもたらす利他行《りたぎょう》を中心に修行を積めばブッダになれると説き、新たな宗教性を有した多くのブッダや菩薩が出現した。衆生を救済する宗教性が強調され、初期経典とは違った新たな経典が数多く創作されるなど、あらゆる側面においてダイナミックな転換を遂げることになった。

特に、部派仏教では仏教修行者はブッダを求めることはなく阿羅漢の境地を得ることが目標であっただけに、誰もがブッダになれると説き、そのブッダを目ざす菩薩という存在を認めた大乗仏教は画期的な展開であった。菩薩といえば、利他行や救済という側面が強調されるために、その陰に隠れてしまっているかのようであるが、実は菩薩の修行は果てしない期間にわたって実践されなければ、とても無上菩提を体得することはできず、ある面では阿羅漢よりも厳しく、禁欲的で、高潔な人間性が要求されるものであった。このように、果てしなく厳しい修行をやり遂げるからこそ、これまでに存在しなかった壮大にして永遠なるブッダが誕生するのである。大乗仏教に出現する壮大にして偉大なるブッダの誕生は、このようにして修行道を完成した菩薩がいたからこそといえるのである。そうして誕生した代表的なブッダが阿弥陀仏である。これより、大乗仏教で新たに出現したブッダの中から、壮大で永遠なるブッダとして出現した阿弥陀仏を例にとり、そのブッダ出現の背景を探ってみよう。

†浄土教の成立と阿弥陀仏の出現

大乗仏教の経典の中でも、とりわけ紀元後一〇〇年頃に成立したとされる『無量寿経』や『阿弥陀経』にみられる浄土教思想は、それまでの仏教の流れから逸れた特殊な仏教であると理解されがちである。仏教の本質に関わるほどの大きな転回ではないかという見方もある。

たしかに、阿弥陀仏という他方仏の出現、西方極楽浄土という他方世界の設定、死後に極楽浄土に生まれる往生という観念などは、ゴータマ・ブッダの教えからも、またそれまでの部派仏教からもとても想像できないし、また他の多くの初期大乗仏教とも異なっており、まるでまったく新たな仏教世界が突如として現れたかのようである。

しかし、浄土教全体をよくみると、こうした特色ある思想だけで成立したのではなく、それまでの仏教の延長線上に位置づけられる諸思想や他の初期大乗仏教と共通する思想などによって、その成立が支えられていることがわかる。したがって、原始仏教、部派仏教を継承し、他の大乗仏教と共通した側面と、新たに創造された側面とを知ることによって浄土教成立の意義が見えてくるはずである。これより、浄土教の成立について、藤田宏達博士のすぐれた研究を参照しつつ具体的にみていこう。

他方世界に他方仏である阿弥陀仏が出現したのは、紀元後一〇〇年頃の西北インドでと考えられているが、それまでの仏教の展開からみてあまりに大きな変容であるという理由で、その成立の根拠を仏教以外のペルシャのゾロアスター教の思想に求めようとする見解や、仏教以前のインドのヴェーダのヴィシュヌ神話や梵天神話にその源流を見出そうとする立場もみられる。

それに対して、そうした影響を多少なり受けたとしても、阿弥陀仏の出現は原始仏教から展開したブッダ観の枠組みで捉えることができるとする立場があり、それが今日では有力な説となっている。

それによれば、「阿弥陀」の原語は、「無量光」のアミターバと「無量寿」のアミターユスの二つとされるが、どちらが原初的であるのかについては諸説がある。初期経典には、そのどちらにも相当する観念が説かれている。また、『無量寿経』には、阿弥陀仏が前世において法蔵《ほうぞう》という名の菩薩のときに誓願を起こし修行を積み重ね、ついにブッダとなるという阿弥陀仏誕生の説話も説かれるが、これも原始仏教からのブッダ観の流れの中に位置づけられるものとする。

このうち、過去に誓願を起こした、いわゆる本願《ほんがん》思想は『無量寿経』の根幹となるだけに、浄土教が成立するための必須な思想といえる。ただ、この本願思想は大乗仏教の最初期の経典である『般若経』や『法華経』などにも同様にみられる。本願の観念は、初期経典に在家者の立場からではあるが、すでに同様の用法で説かれており、また部派仏教でもゴータマ・ブッダが遠い昔に燃灯仏《ねんとうぶつ》に誓願を立てた、いわゆる燃灯仏授記の説話が説かれ、本願思想を想起させる。また、『無量寿経』に説かれる阿弥陀仏の本生説話の祖型も、ゴータマ・ブッダがこの世に生まれるまでの前生物語である『ジャータカ』にすでにみられる。このように、阿弥陀仏の本質的な属性である無量光と無量寿という観念も、また本願思想も、前世における菩薩の修行の結果としてブッダになるという話も、いずれも原始仏教以来のブッダ観の流れの中で捉えることができるとされる。

しかし、阿弥陀仏という他方仏や西方極楽浄土という他方世界、またそこに往生するという考え方、またそのために行う念仏という実践は、原始仏教や部派仏教にその源流を求めることができるのであろうか。藤田は詳細な検証に基づきゴータマ・ブッダの教えが展開する過程で浄土思想が必然的かつ内在的に形成されたものと解釈する。それでは藤田説を中心に、その要点をみてみよう。

【他方仏】

原始仏教や部派仏教の説一切有部では、諸仏は一定の時間を隔て出現するものであって、同時に出現することは許されないものと考えるので、ゴータマ・ブッダが在世のときはそれ以外のブッダは存在しないとされる。したがって、原始仏教の時代には阿弥陀仏という他方仏の出現を許容する資料は見出せないと考えられる。実際、初期経典には他方仏の存在を多少なりとも想定しうる若干の資料はあっても、そうだと言い切れる資料は存在しない。しかし初期経典は、説一切有部のように多界多仏を明確に否定するのとは違い、三千大千世界の解釈によっては、他仏の存在を許容しているのではないかという可能性を残しており、それが後に他方仏を出現させる根拠になったとも想定できる。そうした想定からすれば、他方仏の存在は原始仏教の立場を回復した結果であり、その思想的基盤において阿弥陀仏の思想が成立したとも考えられる。では、他方世界である西方極楽浄土はどのように考えられたのであろうか。

【極楽・浄土】

極楽や浄土の起源については、阿弥陀仏の出現の問題と同様に定説はない。「極楽」の原語であるスカーヴァティーは、初期経典に過去七仏のコーナーガマナの王城名ソーババヴァティーと、大善見王《だいぜんけんおう》の王城のクサーヴァティーと語形が類似し、その描写も共通点が多いことから、それに準じた用語ではないかともいわれている。極楽という語やその世界の起源については、初期経典の『大善見王経』や『大楼炭経《だいろうたんきょう》』などに説かれる北クル洲の伝説に、また欲界《よくかい》・色界《しきかい》の諸天の描写に、あるいは霊場や仏塔に描かれた素材に基づくのではないかという諸説がある。極楽という世界は、それらが複合して成立したのではないかとされている。

しかし、浄土観の典型とみられるべき極楽の思想は、大乗仏教特有の浄仏国土（浄土）

思想に基づいて成立したとも考えられている。「浄土」という用語は、これ自体、中国で成語化されたもので、これに該当するサンスクリット語はない。しかし、その観念はインドの初期大乗仏教経典の『般若経』や『法華経』、『華厳経』などに説かれる「〔仏〕国土を浄める」や「浄められた〔仏〕国土」という表現に求めることができる。これは、菩薩が未来に現れるであろう「国土を浄める」ことを、さらには衆生をその「浄められた国土」に導くことを意味したものであろう。この大乗仏教の根本精神を表現した、いわゆる浄仏国土の考えに基づいたものが、浄土の観念であると理解されている。

つまり、「浄土」という考え方は大乗仏教の初期には成立していたものである。『無量寿経』にみられる「仏国土の清浄」という語句も、こうした初期の大乗仏教経典と軌を一にしている。そういう意味から、「〔仏〕国土を浄める」や「浄められた〔仏〕国土」を意味する極楽世界が浄土と言われることには問題はない。実際、『無量寿経』に説かれる極楽の描写が『大品般若経《だいぼんはんにゃきょう》』の浄仏国土の内容と極めて類似しているのである。北魏の曇鸞《どんらん》や唐の善導《ぜんどう》など中国の浄土教の大家たちも、阿弥陀仏が住む国土である極楽を浄土という語で表現する傾向にあったとされ、古くから中国や日本では極楽を浄土とも呼んでいたのである。

さて、この浄仏国土の「仏国土」という語の起源に限ってみてみれば、初期経典にはそれに該当するブッダケータという語は存在するが、国土を「浄める」や「浄められた」国土という用例はみられない。それは、原始仏教や部派仏教の時代にはゴータマ・ブッダが生存したこの国土だけが現実に存在したのであり、それを実際に浄めるという考え方は生じなかったからだと考えられる。他方、大乗仏教になり多数の他方仏や他方世界が認められると、そうした空間的・有形的な世界は清浄な対象とならざるをえなくなったのであろう。そのようにして、大乗仏教の極楽浄土の観念は、浄仏国土の考え方を背景にして成立したのではないかと考えられている。いずれにしても、浄仏国土という考え方は大乗仏教になって成立したものとされている。

【西方の意義】

よく西方《さいほう》浄土といわれるが、極楽浄土が西方に存在することは何か特別の意義があってのことなのであろうか。ヴェーダ聖典などでは、古くから西方に特別の意義のあったことが指摘されている。また、西方に太陽が落ち黄金色に輝く荘厳なまでの夕暮れの情景と無量光の阿弥陀仏が住まわれる極楽とを重ね合わしたのではないかという考えなどさまざまな考察がある。中でも『観無量寿経《かんむりようじゆきよう》』に、まず初めに西方の日没のさまを観想して、極楽浄土の世界を想う、いわゆる日想観《にっそうかん》が説かれている点を考慮に入れると、太陽の日没と西方という方向性とは無視できないものと考えられている。ただ、こうした方角については西方に限ったことではなく、東方には阿閦仏《あしゆくぶつ》の妙喜世界があるとされたり、また西方にも阿弥陀仏以外の仏が存在するとも説かれている。このように、極楽浄土が西方に存在することについては、源泉資料を見出すことも、特定の理由づけなども、説得力のある根拠は示せていないというのが現状である。

【往生】

その阿弥陀仏の西方極楽浄土に生まれること、すなわち往生することは浄土経典が説こうとした目的の一つであったといわれる。往生とは「生まれる」という意味をもつが、単に生まれるのではない。極楽浄土に生まれるということは、菩薩の誓願によって浄められ完成した世界において来世に悟りを得てブッダになるということを意味している。

往生の考え方は、すでに初期経典に説かれ、天界に生まれるという生天思想に起源を求めることができる。死後に安楽な世界に生まれるという考え方は、たしかに形態上から見て往生思想の成立に影響を与えたことに違いないであろう。しかし、天界は未だ輪廻《りんね》をさまよう世界であって、決して解脱して悟りに到達した世界を意味してはいない。したがって、生天思想をもってして往生の起源というには問題が残る。

これを補うのが初期経典にもよく説かれる、いわゆる預流《よる》、一来《いちらい》、不還《ふげん》、阿羅漢の四沙《ししゃ》門果《もんか》という思想である。阿羅漢果はこの世において悟りに至った境地で、他の三果はいまだ修行を続けなければならない境地であるが、この四沙門果は解脱することを目的とした思想であって、来世において悟りに達するという極楽往生の考え方と類似はしている。中でも、不還果は死後に天界に化生《けしよう》して、そこで般涅槃するという点が極楽往生の記述と極めて酷似していることから、往生思想の源流とも考えられている。しかし、こうした極楽往生の考え方は、未来にブッダになることに主眼が置かれ、そのための宗教的実践が中心的課題となったことから、初期経典に説かれた四沙門果の思想とは大きく乖離《かいり》していると考えられる。

【念仏】

この極楽浄土に往生する実践方法として『無量寿経』や『阿弥陀経』には念仏《ねんぶつ》が説かれている。しかし、念仏という実践方法は、浄土経典に限らず他の初期大乗経典にもみられる。その起源は、初期経典にみられる六随念《ろくずいねん》や十随念という思想の最初に説かれる仏随念ではないかといわれる。仏随念は、心を統一して如来や阿羅漢、善逝《ぜんぜい》、世尊などの「仏の十号」を念じることであり、それが念仏に該当するといわれる。これはもともと在家者に対する教えであったが、出家者の宗教的実践という性格ももつようになったと考えられ、この解脱を求めて修行道を歩む出家者の宗教的実践としての仏随念が浄土経典の念仏往生説の起源とみられている。浄土経典において、念仏が在家と出家に共通する実践方法として取り上げられるのも、こうした初期経典の説示内容と同じように位置づけられるからなのかも知れない。このように、念仏に関する基本的な考え方は初期経典から継承されつつ、新たな展開を示したものと理解される。

【臨終来迎】

念仏することで往生を願う人々の臨終に際して阿弥陀仏が迎えに来るという、いってみれば往生の確証を得るともいえる考え方が、いわゆる臨終来迎である。この考え方は浄土経典を中心としながらも他の大乗経典にも説かれているが、初期経典や大乗仏教に先行する部派仏教の論書にはみられない。

ただ、初期経典にはその一部に類似した内容がみられる。来迎は臨終のときに阿弥陀仏が現れ、この世において阿弥陀仏にまみえるという段階と、阿弥陀仏が死後に衆生を極楽浄土に導き入れるという段階によって構成されているが、最初の段階に関しては初期経典にも弟子が臨終に際してゴータマ・ブッダにまみえる話が数多く説かれることから、この起源を初期経典に求めることもできる。しかし、二つ目の段階の表現は、他方仏や他方世界を認めなかったからであろう、原始仏教や部派仏教にはみられない。

このように、臨終来迎の考えは原始仏教に多少なりとも由来を求めることができることから、すべてが新しく構築されたものでないにしても、極楽浄土へ往生するという考え方を力強くうたいあげる基本的な発想は、浄土経典の編纂者たちの手になったものといえよう。

†新しい仏教世界

以上、ここまで阿弥陀仏の出現について、初期経典など先行する文献にその源流があるか否かということを中心に眺めてきた。では、これより他方仏の出現や西方極楽浄土、往生、念仏などの観念の成立をどのように理解したらよいのか、少し論じてみよう。

無量光と無量寿という阿弥陀仏固有の宗教的特性は、仏教が起こってから阿弥陀仏が出現するまで、はっきりとした形ではみられなかったのであり、その意味からも阿弥陀仏は新たに創造されたブッダといえる。

阿弥陀仏という他方仏の出現についていうと、すでに初期経典に説かれる三千大千世界の解釈の仕方によっては他のブッダの存在を想定することができるので、それが後に他方仏を出現させる根拠になったと推定すれば、他方仏は決して突如として現れたのではないと考えられている。しかし、こうした仮定の論だけで、はたして原始仏教の時代にすでに他方仏の祖型が説かれていたということになるであろうか。三千大千世界に複数のブッダを認める一部の部派は存在するものの、他方世界に住する他方仏という形態は、原始仏教から部派仏教の古い時代には十分な根拠を見出しえないのである。阿弥陀仏だけではなく、阿閦仏などの他方仏の出現は、大乗仏教成立の過程で生まれたブッダ観の新しい発想とみるべきであろう。

他方世界という観念の成立も、他方仏と対であるから同様にして考えられよう。他方世界は、他にも阿閦仏の妙喜世界や薬師仏《やくしぶつ》の浄琉璃世界などが説かれているように、何も浄土教の極楽浄土だけに限ったことではない。大乗仏教のごく初期に出現したこうした浄土の世界は、それまでの仏教のめざす悟りの世界が人間の究極的な境地、つまり内的とも精神的ともいうべき自己完成の世界を意味するものであったのに対し、死後に浄土に往生することで得られる外的とも空間的ともいえる理想的世界を想定している。つまり、浄土の出現は悟りの世界を大きく転回させたのであり、さらにいえば悟りの世界を新たに創造し生み出したともでもいうことができるであろう。浄土教はその代表的な仏教なのである。

その方角も、実は東方浄土や西方浄土のように東方と西方という方角が説かれ、何も西に限ったことではなかった。しかし、こうした具体的な方位に限定しているのは、その方位に意義を有するからであり、その意味で、そこに意義を認める特定の地域の人々の思いが込められていた結果と考えるべきであろう。つまり、その方角は宗教上の特別な意味合いで表現されたものではなく、実際に生きた人々の地域性が反映されたものと理解すべきである。

西方浄土に限っていえば、西方の遥か彼方に神々しいまでに黄金色に光り輝く夕日をみた人々に、直面する現実の厳しさと苦しさを超えた、永遠の安らぎと豊かさがそこに存在しているのではないかという、願いにも似た強い感情が湧き起こったことが、その成立の背景となったとも想像できる。西方浄土は、そうした極めて限定された風土において成立したことを窺わせる。ある意味、創造性に満ちた浄土教の成立は、それまでのインドとは異なった風土と文化に遭遇したときに、その状況に対応すべく変容した仏教の象徴的な一局面であったと捉えることもできよう。

厳しい風土の中で生活する人々が西方に救いの場を求め、一方でその願いを受けた仏教者がその願いを実現すべくもっともふさわしい救済の世界を創出した。人々はその厳しい現実に耐えながらも、せめて死後には救済の場としての極楽西方浄土に往生でき、そこは救済者としての阿弥陀仏が人々を見守る世界であってほしいと想像したのかもしれない。

往生の考え方は初期経典にその源流が求められるというが、極楽に往生する主眼は未来にブッダとなるという点であると考えると、必ずしもそうとはいえない。また、往生するための宗教的実践である念仏も、初期経典の六随念の仏随念の観念を継承しつつも、新たに救われるべき凡夫のための易行道《いぎょうどう》として位置づけられたのであろう。阿弥陀仏の臨終来迎についても、死後に阿弥陀仏が衆生を浄土に導くといった表現は大乗経典には説かれるが、初期経典や部派仏教の論書にはみられず、そのほとんどが新たな展開の過程で出現したものといえる。こうした臨終来迎の考え方には、偉大な救済者である阿弥陀仏の完成した姿が前提となっていなければならないであろう。

このように浄土教を個別的にみれば、多くの要素は原始仏教や部派仏教に起源を求めることができるのである。その連続性を維持していきながらも、浄土教の成立した時代と地域の要請に即応しつつ、部分的な素材としてあったものを新しく組み替えたり、新しい宗教的価値ともいうべき息吹を吹き込み、形態や表現方法などを変えることによって、それまでみられなかった仏教世界が構築されたと理解されるのが一般的であろう。

しかし、それはあくまで個別的な要素に関してであり、全体からみれば、それまでなかった新しい世界が構築されているのである。浄土教の要素のすべてが原始仏教や部派仏教に起源をもったり、また他の初期大乗仏教と共有するものばかりではないのである。やはり、浄土教の成立には、それによってこそ成立する独自性がなければならないはずである。継続していない非連続面が何であるのかを知ることが、浄土教が出現した最も重要な理由となるからである。

その非連続面が何であるのかを端的にいうならば、初めて仏教の歴史に出現した観念である「阿弥陀仏の極楽浄土に往生する」という浄土教の根本思想の枠組みにあるであろう。そして何よりも、ブッダ観に大きな変容が起こったことである。無量光、無量寿という宗教的特性を有し、他方仏として他方世界の西方極楽浄土に今も住しておられ、衆生が死後に往生するときに来迎するといった阿弥陀ブッダの出現は、ゴータマ・ブッダを遥かに超越した、それとは明らかに変容した新しいブッダの誕生を意味するのである。そこに浄土教の独自性の意義が示されているのであろう。

仏教が起こって以来、歴史的ブッダであるゴータマ・ブッダも次第に偉人化し、一方で未来永劫に不滅である阿弥陀仏のようなブッダや、ここでは触れなかったが毘盧舎那仏など新たなブッダが出現し、救済性と普遍性が強調されていく。ブッダがさまざまに多様化し変容しながら展開を遂げる仏教の歴史には驚かされる。

第二章

ゴータマ・ブッダと原始仏教

ここまでブッダの展開を概観してきたが、ここで開祖ゴータマ・ブッダ（釈尊）がどのような歴史的人物であるのかを、また仏教史上におけるブッダの展開を通して彼の存在意義を改めて問い直したい。そして、ゴータマ・ブッダの聖教（アーガマ）と位置づけられる初期経典がすべて彼の教えとみなせるのかなど初期経典の様態についても検証してみる。

1　原始仏教のブッダ

仏教を起こしたゴータマ・ブッダが唯一のブッダであり、仏教は彼の教えに基づいて展開した宗教であるということは、仏教理解の前提となっている。しかし、古い初期経典を詳しく読み解くと、当時の仏教事情は実はその理解とは大きく異なっていることに気づく。そこで、仏教の興起時代ゴータマ・ブッダはどのような存在であったのか、またその存在は仏教教団の展開とともにどのように変化していったのかについて検討する。

†唯一のブッダの誕生

仏教最古の経典である『スッタニパータ』は、ゴータマ・ブッダ以外にもブッダと呼ばれる仏教修行者がいたことを伝える。二、三の例を挙げてみよう。ブッダと称される修行者の語が複数形で用いられている場合（三八六など）がそうであるし、ゴータマ・ブッダを表現するのに「ブッダたちの中で最高の方」（二二六、三八三など）とゴータマ・ブッダの他にも多くのブッダの存在を窺わせる例がみられ、また仏弟子の詩を集めた『テーラ・ガーター』には仏弟子のコンダンニャがブッダと形容される（六七九など）用例などから、その痕跡を知ることができる。仏教が起こった頃には、ブッダは一人だけに用いられていたのではなく、理想的な修行を完成させた出家者たちの一般的な呼称の一つであったことが窺われる。

ブッダは、仏教以前にも『ウパニシャッド』などに聖者の呼称として用いられており、また仏教と同時代、仏教と拮抗《きっこう》していたジャイナ教の聖典である『イシバーシヤーイム』にも四五人の聖者を紹介する際に用いられており、ブッダという呼び名は何も仏教に限っていなかったのである。

要するに、ブッダとは仏教固有の、それも特定の人物を指した呼称ではなく、当時のインドの宗教世界の中で用いられた極めて普通の呼称であったのである。仏教もそれに倣《なら》い、ゴータマ・ブッダはもとより、すぐれた仏弟子たちにも付されたのである。だから、その痕跡が『スッタニパータ』などに少しではあるがみられるのである。

そうした痕跡を通して推定できる歴史的事実をもとに、それではブッダの呼称がどのようにして特定化し固有化したのか、言い換えれば唯一のブッダがどのようにして誕生したのかを考えてみよう。

初期経典にみられるブッダや世尊などの呼称は、ゴータマ・ブッダその人を指していることは明白である。とりわけ、散文経典では、その呼称は一人の開祖だけに用いられていても、そのことに誰も疑いをもたない。ブッダはゴータマ・ブッダただ一人であると理解しているとしても、ある意味、当然であろう。しかし、初期経典それ自体に成立過程があるとの前提に立てば、そこに新旧の層が認められるはずである。そのようにして、ブッダの用法にも変遷がなかったのかどうかを検証する必要がある。

上でも述べたが、仏弟子もブッダと呼称されていたわけであるから、最初期の仏教ではブッダは特定の対象にのみ用いられるものではなかった。しかし、初期経典でも後の経典になると、ブッダは特定化され、唯一のブッダとしてゴータマ・ブッダだけに用いられるようになった。つまり、仏教が起こった当初からではなく、ある過程で、唯一のブッダが誕生したということである。これは仏教の歴史上の極めて大きな展開といわなければならない。

これを用例の上から検討し、その展開の過程を示すと、それは「ブッダに従って悟った（ブッダとなった）アンニャー・コンダンニャは」（『テーラ・ガーター』六七九など）という表現で端的に知ることができる。アンニャー・コンダンニャ（阿若憍陳如）は、ゴータマ・ブッダが初めて説法したときに、その教えを聞いて速やかに悟りの境地を体得した人物とされる。この表現の前半部分のブッダはゴータマ・ブッダのことであり、彼の教えに従ってブッダとなったのがアンニャー・コンダンニャであるから、この表現はブッダという呼称がゴータマ・ブッダと仏弟子の両者に使われていた痕跡を示し、ブッダが固有名詞化する前段階を窺わせる用例といえる。

さらに一歩進んだ用法として「ブッダたちの中で最高のゴータマ」（『スッタニパータ』三八三など）を挙げることができるが、この表現はゴータマ・ブッダがブッダたちの中で最高のブッダであるとしており、ブッダがゴータマに特定され、固有名詞化する過程を示唆する好例である。つまり、この用例は、ブッダが何らかの理由で固有名詞化へと構築されていく歴史の過程を示したものと理解しなければならない。この資料から推測すれば、こうした過程を通して開祖としての唯一のブッダが誕生し、それを前提とした仏教が確立したのであろう。

唯一のブッダの誕生によってブッダは、後述するように、それまでみられなかった救済性という宗教的特性が新たに付与され、より偉大なブッダが出現することになった。このように展開した理由はさまざまに考えられようが、ゴータマ・ブッダ滅後の教団が愛弟子のアーナンダおよびその直系の弟子たちの主導性によって運営されていたという事情なども、その一つに挙げることができるであろう。

†ブッダと仏弟子――共通性と相違性

古い初期経典には、ゴータマ・ブッダも仏弟子もブッダと呼ばれていた用例があると指摘したが、そうした経典に両者がどのように説かれ、その共通性や相違性はどのようであるのかを比較してみよう。

まず、仏弟子とはどのような存在なのかを述べてみよう。仏弟子の原語サーヴァカは一般に「声聞《しょうもん》」と漢訳され、文字通り「ブッダや師の教えを聞く者」と理解しがちであるが、実際は「教えを実践する者」という意味で用いられている。最初期は声聞といえば、出家者も在家者も含んでいたが、次第に出家し悟りをめざす修行者を指すようになった。この他には、アンテーヴァーシンのように「(近住)弟子」と漢訳される「〔師の〕近くに住む者」を意味する語もみられる。

このような原義をもつ仏弟子は、それ以外にもさまざまに表現されている。たとえば、マハーカッサパやアンニャー・コンダンニャを「ブッダの相続者」と、男性の修行者（比丘）を「ブッダの息子」、女性の修行者（比丘尼）を「ブッダの娘」、またサーリプッタだけの表現として「ブッダに続いて（法輪を）転じる者」といった例がみられる。このように、仏弟子とはブッダや師に教えを聞いたり、それを引き継いだり、また仕える存在として記されているが、このように両者を主従の関係で表現するのはごく自然なことである。

また、ブッダと仏弟子を明確に区別するのは、教えを表現する場合にでも「ブッダの教え」と「仏弟子の教え」とのように、両者を峻別《しゅんべつ》することからも知ることができる。ここでいう「教え」は、言葉で教えることを意味するサーサナという語であるが、仏弟子が用いる場合は決してサーサナとはいわず、アヌサーサニーという「ブッダから聞いた教えを説く」という意味の語に置き換えられている。

しかし、ブッダと仏弟子の問題で取り上げておかなければならないのは、両者のこうした主従関係と同じように、宗教上の境地に関しても両者で明らかに上下の差異があったのかどうかということであり、その問いかけは必要であろう。その点を検証するために、ブッダの教えに従って修行を積み重ねたすぐれた仏弟子のさまざまな宗教上の表現を古い初期経典から内容別に眺めてみよう。

まず、煩悩が滅した状態を表現する例として「あらゆる煩悩の汚れを滅した」とか、

「迷いの根本を滅した」、「迷いの生存の束縛を断ち切った」、「あらゆる罪悪を洗い去った」、「煩悩の矢を抜いた」、「悪魔の領域を征した」などが、また輪廻や再生については「今や二度と迷いの生存を繰り返すことはない」、「最後の身体を保っている」などが、三明《さんみょう》や神通力については「三明（宿命明《しゅくみょうみょう》・天眼明《てんげんみょう》・漏尽明《ろじんみょう》）を体得した」、「六種の神通（宿命通・天眼通・漏尽通・天耳通《てんにつう》・他心通《たしんつう》・神足通《じんそくつう》）をさとった」、「天界と地獄を見る」などが、解脱や涅槃などについては「あらゆる苦しみから解脱した」、「生死の彼岸に達した」、「完全なる涅槃に入った」、「最高の寂静を体得した」、「思慮分別のない境地に達した」などの表現が仏弟子にも使われており、その他にも「よく自制した」、「あらゆる生き物を慈しむ」、「なすべきことをなし終えた」、「死に対する恐怖はない」、「人間の中で最上なる」、「大いに利益をもたらす」などと描かれている。

　こうした表現をブッダのそれと比較してみると、ほとんど差異のないことがわかる。この事実は、ブッダという存在とすぐれた仏弟子という存在が宗教上においては同等であったのではないかということを示唆してくれる。上でも述べたように、このことは、一部のすぐれた仏弟子がブッダと呼称されていた事実とも結びつく。宗教的境地の面からみれば、ブッダが上で、仏弟子はそれよりも劣っているという今までの一般的な認識を覆してくれるのである。ただし、そうした境地にあるとされるのは、悟りに向かって修行を積み重ねるすぐれた仏弟子だけであり、決してすべての仏弟子を指すものではないことは当然である。

一方、ゴータマ・ブッダだけにみられる表現も存在するので、それについて言及しておこう。「太陽神の末裔《まつえい》」という表現は、ゴータマ・ブッダの家系である釈迦族の先祖が太陽神であるので、その末裔という表現がブッダだけに限られているのは至極当然である。また、ゴータマ・ブッダを「師（サッタル）」と称するのも、仏教の開祖としては当たり前のことである。その他、「比類なき者」や「世界の守護者」も開祖にふさわしい表現であろう。

これらは仏弟子にはみられないゴータマ・ブッダ固有の表現ではあるが、特筆すべきは宗教性においてもブッダだけにみられる固有の表現があるということである。その用例が、「あなたはブッダです。あなたは師です。あなたは悪魔を征服した賢者です。あなたは煩悩の潜在的な根を断ち切って、自ら〔輪廻の流れを〕渡り終え、この人々を渡す」（『スッタニパータ』五四五、五七一など）という一文である。この後半部分の「自ら渡り終え、この人々を渡す」というのは、ブッダが自ら悟りを得た後に、他の人々を悟りの世界に導くという表現であるが、ここには自らが悟りに至ることだけで満足せず、多くの人々をも悟りの世界に導くという救済の行為が明示されている。

このブッダは、ここで師とも表現されていることからわかるように、明らかにゴータマ・ブッダを指しているので、これはゴータマ・ブッダだけに付与された宗教的特性といえる。この救済性こそが、ブッダと呼称されたすぐれた仏弟子たちにはないゴータマ・ブッダだけの宗教的特性であり、この特性こそがゴータマ・ブッダを唯一のブッダへと展開する大きな契機となったのではないかと考えられる。言い換えれば、救済性がブッダに付与されることによって唯一のブッダが誕生し、ブッダといえばゴータマ・ブッダであるという状況が構築され、教祖としてゴータマ・ブッダが確立したともいえる。教祖(ティッタカラ)の語義が「浅瀬を渡す人」から転じて「救済する人」であることを考え合わせば、こうした理解には整合性があろう。

では、複数いたブッダがどのような過程をへてゴータマ・ブッダ一人に限られることになったのか、その歴史的背景の一端を眺めてみよう。

†仏弟子たちによる仏教構築——アーナンダの主導性

こうした展開を生み出す出す原因となった事情を、一つの可能性としてではあるが、ゴータマ・ブッダ滅後の教団の状況という視点から取り上げてみたい。

ゴータマ・ブッダが亡くなると、しばらくしてマハーカッサパが主宰者となり五〇〇人の長老が集められ（第一結集《だいいちけつじゅう》）、ゴータマ・ブッダの教え（法）についてはアーナンダが、そして律についてはウパーリ（優波離）が暗誦した、と伝えられる。この結集の史実性に疑いがないわけではないが、その詳細は今擱《お》くとして、こうした継承のお蔭でゴータマ・ブッダの説いた内容は失われることなく、後世にまで伝えられることになった。

この法と律は、後の経蔵と律蔵の原型といわれ、仏教聖典の中核をなすのであるが、とりわけ仏教思想の根源である法がアーナンダを中心に取りまとめられた意義は大きい。アーナンダはゴータマ・ブッダの晩年の二五年もの長きにわたり仕え、教えを受けてきた人物で、弟子たちの中で多聞《たもん》第一、近侍第一と称される所以もそこにある。したがって、アーナンダがゴータマ・ブッダの教えをまとめたのも当然の結果といえる。

ただ、ゴータマ・ブッダ滅後の教団は、修行者たちの集まりにふさわしい穏やかな状況にあったわけではなかったようである。とりわけ、マハーカッサパとアーナンダとの関係がその状況を生む要因となったようである。第一結集の伝承によれば、マハーカッサパはアーナンダに対して、たとえば女性の出家を認めたこと、ゴータマ・ブッダの死に際して衆生の利益のためにさらに一劫の間生きてほしいと願わなかったこと、ゴータマ・ブッダに水を求められても与えられなかったこと、ゴータマ・ブッダが亡くなられたときに女性修行者に彼の陰蔵相（男性器）を見せたことなど数多くの過失を取り上げ厳しく非難した、とある。これらが事実であったかどうかは定かではないが、少なくともこうした伝承があったこと自体、当時、両者に一種の緊張関係が存在していたことを示している。また、『サムユッタ・ニカーヤ』の「チーヴァラ（衣）」という経典には、アーナンダを未熟者と誹謗《ひぼう》したマハーカッサパに対して、アーナンダを慕うトゥッラナンダー比丘尼が罵倒するといった、経典には似つかわしくない話があるが、これも二人の関係を端的に示している。

ゴータマ・ブッダ滅後の教団は、第一結集の伝承などから判断して、最初のうちは最長老のマハーカッサパが教団の主導的立場にあったことは確かであろう。しかし、次第にアーナンダへとその立場が移っていったと推定できる。それは、滅後の教団において法がどのように継承されたかという系譜が、ほぼすべての伝承でまずマハーカッサパに継承され、続いてアーナンダへと伝授されたと伝えることからもわかる。また、両者の年令や寿命などから考えても、当時すでに最長老であったマハーカッサパがそう長く教団を主導していたとは考えにくい。それに比して、アーナンダは一説には一二〇歳まで生きたともいわれ、ブッダの滅後四五年間生きたとも伝えられている。その伝承は事実でないにしても、諸説からみて長寿を全うしたと考えられる。

いずれにしても、マハーカッサパの後はアーナンダが法の継承者と認知されて、教団の主導的役割を果たしたのであろう。この点を一層明白にしてくれるのが、滅後一〇〇年ほどして開かれた第二結集に参集した有力な八名の長老たちの師がアーナンダであったという、多くのインド文献にみられる伝承である。スリランカの伝承でも、そのうちの二名は天眼第一といわれるアヌルッダ（阿那律《あなりつ》）の弟子と伝えるものの、他の長老たちはアーナンダの弟子であったとされる。第二結集というのは、出家者の修行生活の変更を求める一〇種の提唱について、その是非を調停するために開かれたもので、その結果、提唱は法に合致しないものと判断が下されることになった。これらの資料が伝える何よりも重要な点は、その内容よりもむしろ滅後一〇〇年頃の教団がアーナンダ直系の弟子を中心に運営されていたことを示唆していることである。つまり、アーナンダおよび彼の直弟子たちの主導による教団運営が、マハーカッサパの死後から第二結集まで続いていたのではないかということである。

この第二結集からしばらくして、それまで和合してきた教団が仏教史上初めての分裂（根本分裂）という出来事に遭遇する。それまで継承されてきた法や律も、それ以後はそれぞれに分かれて受け継がれていくことになる。そのためには、ゴータマ・ブッダ滅後から根本分裂までの間に法と律の原型がすでにまとめられ、分裂後も同じ法と律がそれぞれに保持される準備がなされていたということになる。つまり法に限っていえば、初期経典の基礎は分裂するまでの間に作成されていたのである。

したがって、最初期の仏教や初期経典の作成に関わる諸問題を理解するためには、この間の仏教事情を考慮に入れる必要があるということになる。経典の作成についていえば、アーナンダやその愛弟子たちの主導性が、その作成にどのように反映しているのかを、十分に考慮しておく必要があろう。極端な言い方を許してもらえるのならば、初期経典にはアーナンダが見聞きしたゴータマ・ブッダの世界が伝えられ、それに基づき自らの師であったゴータマ・ブッダを中心とした仏教が説示されていることになる。

こうした背景が、最初期の仏教において次第にゴータマ・ブッダが唯一のブッダになっていくことと大いに関連している可能性がある。このように、ブッダの唯一性は何らかの理由で、結果として構築されたものと理解すべきであろう。初期経典の形成や唯一のブッダの構築など仏教の最も基本となる構造が、こうした時代になされたと確認することは、仏教を客観的かつ合理的に理解する上で極めて重要である。

2　初期経典とは

初期経典とは、ゴータマ・ブッダが説いた教えをまとめたものを指し、仏教の聖典の中で最も古く、仏教聖典の源流となった経典である。

前項でも触れたように、彼が悟って入滅するまでの四五年間に説かれた内容は、第一結集のときにゴータマ・ブッダの教えである「法（ダンマ）」と、教団での生活規則の「律（ヴィナヤ）」とに分けてまとめられたと伝えられるが、この「法」が後にいう「経（スッタ）」となり、その全体を今日では一般に初期経典というのである。これは古くは九分教などに分類され、さらに集大成された結果、一方は北方に伝わり、他は南方に伝えられた。前者は漢訳されて四種の阿含経（四阿含）として、後者はパーリ語の五種のニカーヤ（五ニカーヤ）という形態で現存している。この阿含は聖教という意味のアーガマが原語であることからもわかるように、初期経典は冒すことのできない聖典とされる。

このように伝えられた初期経典を、ゴータマ・ブッダの教えそのものが収められたものと認識している人々もいるが、実際はそう簡単な問題ではないのである。日本でも古くは江戸時代の富永仲基が『出定後語《しゅつじょうこうご》』の中で、経典はブッダの滅後、次第に加上され製作されたものと指摘している。また、一九世紀後半から二〇世紀のヨーロッパの科学的な研究方法を導入した多くの研究者によって語学、文献学、歴史学などの立場から経典の成立研究が進められた結果、経典は時代の流れとともに修正や改訂、中には増補されながら伝えられたものと考えられるようになった。

†初期経典の様態

では、このようにゴータマ・ブッダの教えと伝えられる初期経典は、どのような内容をもち、どのように位置づけるべき資料であるのかを検討してみよう。そこから、当時の仏教がもつ意義と歴史的存在としてのゴータマ・ブッダもみえてくるはずである。

初期経典はゴータマ・ブッダの教えた聖教としてあるので、そこに説かれる教えには一貫した整合性や統一性が期待される。それ故に、後の仏教思想の正しさを判断する根拠ともなったのである。しかし、この聖教の中でも実際は教えが展開したり、教えに見解の相違があったり、またときとして矛盾と思わせるような内容がみられる。しかし、こうした展開や矛盾などによる多様性も、聞き手の能力に応じて説法を柔軟に変えるという、いわゆる対機説法《たいきせっぽう》によるのであって、それによって経典に差異が生じていると考えられてきた。

実際、経典は、悟りをめざす出家者、悟りではなく生天を願った在家者、社会的にも立場の異なった男性と女性、また仏教とは異なった道を歩む外道《げどう》、個々人の能力の相違など、対象者の違いによって説法内容や説法の仕方を変えている。このような多様性は、ゴータマ・ブッダの悟りの内容が対象者の状況に応じてさまざまに具体化されたものであって、教えに一見差異がみられたとしてもゴータマ・ブッダの意志によって時々に対応された結果とされる。その意味からいえば、初期経典は基本的に同一性を有したものであり、決して矛盾したり相反しているのではないと考えられている。ゴータマ・ブッダの教えは完成したものであり、その教えには展開も矛盾もありえるはずがないからである。

この対機説法とは逆に、具体的にはっきりと説かなかったことで多様性が生じたとみられるゴータマ・ブッダの対応がある。両極端を排して中道の立場から説法したことや、形而上学的な質問に判断を停止し回答しなかったこと（無記《むき》）がそうした対応であるが、このことがさまざまな解釈を許容したのではないかと考えられている。いずれにしても、初期経典にみられる多様性の原因はゴータマ・ブッダの意志によるものと考えられてきた。

ここで問題としたいのは、こうした対機説法などによる多様性ではなく、教えがさまざまに展開していく様相や、見解が相違していたり、ときとして相反する教えが存在することによって生じている多様性のことである。実際、現存する初期経典をみれば、対機説法などの説明だけでは解決されない数多くの問題点が存在していることに気づかされる。

このような問題点を論じる場合には、経典成立に影響を与えたと思われる諸事情のことも考慮に入れておかなければならない。たとえば、第一結集や第二結集などの「結集」という語の原義が「共に声を出して誦する」ことからもわかるように、仏教が興起してからブッダの教えは口伝という方法で、それも少なくとも数百年は伝えられていたという点。

第一結集でまとめられたとされる法が、現存する初期経典ほどには多くはなかったであろうということ、つまり現存の初期経典の多くは、ゴータマ・ブッダの真意を探った仏弟子たちによって解釈され伝えられたものではないかという点。初期経典には仏教興起時代のジャイナ教などの他宗教と共通した教えが数多く見受けられ、当初よりすべての教えが仏教独自の説示であったとはいえず、それらが仏教化する展開の過程で差異を生じることにもなるという点。仏弟子の中にもブッダと呼称されたすぐれた者がいて、経典中に説かれる教えはそうした弟子たちの教えを含んでいるのではないのかという点。ブッダ滅後の教団は必ずしも和合僧伽としてまとまって運営されていたのではなく、継承した弟子の関係や見解の相違など複雑な事情を孕《はら》んでいたという点。アショーカ王のときに仏教の勢力が急速にインド各地に拡大したが、それ以前でも仏教の活動範囲が拡がりゴータマ・ブッダ在世時よりもさまざまな多様性を生む状況にあったという点。こうしたさまざまな要件が初期経典の成立事情の背景となったのであろう。

そこで、これより初期経典にいかに多様な解釈や見解が許容されているのかを、特に展開と矛盾に関する具体例を若干ではあるが眺めながら、少し考えてみよう。

†教えの展開と多様性

まず、地域性が反映されたことで教えに多様性が認められる例を挙げよう。ゴータマ・ブッダが最晩年に自分の死後の生き方について、愛弟子のアーナンダに「自己を島とし、自己をよりどころとし、他をよりどころとせず、法を島とし、法をよりどころとし、他をよりどころとせずにありなさい」(『ディーガ・ニカーヤ』「マハーパリニッバーナ経(大般涅槃経)」)と、自己と法(真理)をよりどころとして生きるように語り諭した、いわゆる自帰依・法帰依といわれる有名な言葉が伝えられているが、そのよりどころ(避難所)を表す譬喩は原語が同じであるにもかかわらず伝承によって異なって理解されている。

スリランカに伝わるパーリ語文献では、安全な避難所の譬喩が「島」となっているのに対して、北伝の漢訳文献ではそれが「熾然」(『長阿含経《じょうあごんぎょう》』「遊行経《ゆぎょうきょう》」)となっている。熾然とは、火が盛んに燃えるという意味から、灯明に類する語といえるであろう。他方で、この原語は「洲」とも解釈されているが、経典の舞台がガンジス河中流域であったことを考えれば、洪水から逃れることのできる洲こそが、この譬喩の本来の意味であったといえる。

つまり、この譬喩は安全な避難所の例として、最初、ガンジス河中流地域での洪水時を念頭に置いた「洲」が、次第に伝播した地域の事情によって安全な避難所が異なるのに応じて、この言葉の意味も変容したのである。灯火や星座などの輝きが安全な避難所への道しるべとなる西北インドなどの地域では「灯明(熾然)」として、そして海洋の世界に生きる人々の地域ではそれが「島」として理解されたのである。こうした事象は決して対機説法というのではなく、初期経典の伝承に伴う展開の結果として理解すべきことであろう。

次に、教えが教理化や体系化へと展開したことで、多様性がみられるいくつかの例を眺めてみよう。出家者や在家者など説法の対象者の違いによって教えの内容は異なっているが、その理由の多くは対機説法によるものと先にも述べた。一般に、在家者に対しては悟りを目的とせず、仏・法・僧に従って施しと戒という正しい行いを実践すれば、天界に生まれるという定型的な教えが説かれている。これは在家者の基本的な実践道ともいえるものである。しかし、在家者に対する説法にも、そうとはいえない内容も説かれている。在家者は天界に生まれることができるといっても未だ輪廻に止まったままなので、そのままでは世俗性を断ち切ることができず、悟りへと向かうことができないのであるが、中には聖者の境地である預流果や不還果（『サムユッタ・ニカーヤ』四七―二九、五五―八）を体得し、また不死を悟り、解脱や涅槃に至るという、出家者と変わらない在家者がいる（『アングッタラ・ニカーヤ』六―一一九、一二〇）ことも説かれている。

これは対機説法というだけでは説明できない。これを仏教教団において在家者の存在意義が大きくなった結果を示す事例と考えるのか、それとも在家者の中にも在家生活を続けながら、可能な限り執着を離れ解脱をめざすという宗教的実践に重きを置いた在家者がいたことを示す事例とみるのか、なかなか判断しかねるが、在家者のこうした境地の体得が可能であるという説示も、初期経典における多様性の一例とみなせるであろう。

次に、初期経典にはブッダであるために必要な宗教的特性は、前世の因縁を知る能力の宿命明、来世の果報を見通す能力の天眼明、煩悩を滅する方法を知る能力の漏尽明という三つの智慧である三明と説かれる。この三明は、成道時に三明を具足したという伝承からも窺えるように、ゴータマ・ブッダの宗教性を示す代表的な特性と考えられた。その意味で、三明はゴータマ・ブッダのみに付与された宗教的特性として決して変えられるべきものではないはずである。にもかかわらず、この三明は新たに超能力を有する神足通と、他人の心を見通す能力の他心通、さらにはあらゆる音声を聞く能力の天耳通が付加されて、六神通へと展開した。ブッダの宗教的特性に超人性が付加されて拡大化していくのである。極めて重要なブッダの特性も、初期経典において展開し変容する状況がみられる。

では次に、悟りに至る過程を説いた修行論についてみていこう。初期経典には、悟りの智慧を得るために実践される代表的な修行法が三十七道品《さんじゅうしちどうぼん》としてまとめられている。これは、四念処《しねんじょ》、四正勤《ししょうごん》、四神足《しじんそく》、五根《ごこん》、五力《ごりき》、七覚支《しちかくし》、八正道《はっしょうどう》のことをいうが、そのうち四念処は肉体（身）、感受作用（受）、心、存在するもの（法）をあるがままに禅定（瞑想）する修行で、四正勤は四種の正しい努力を日々に実践することを説く修行法であり、他は正しい行い（戒）と禅定や念といわれる精神的修行を軸として組み合わせてまとめられた修行法である。初期経典には、八正道は初めての説法（初転法輪）で、三十七道品は最後の説法で説かれたと、あたかもゴータマ・ブッダが説いたかのようであるが、三十七道品には重複したもの、同じような内容が含まれており、ゴータマ・ブッダはなぜこれほど多く説く必要性があったのか不思議である。後代の解釈では、八正道は三十七道品すべてに通底している修行法という側面を有しているとか、七覚支は修行の最終段階を担う側面をもつとか、五根と五力は悟りに至る能力であるが、前者よりも後者のほうが進んだ修行法であるとか、また四念処は七覚支の前段階に位置づけられる修行法であるなどと説明される。しかし、原始仏教の時代にこのようなさまざまに組み合わされた修行法が、一人の人間によって説かれたとは考え難い。その考え難さを解消する一つの方法として、ブッダと称された仏教修行者たちがそれぞれに遊行の地で説いた修行法が後にゴータマ・ブッダに集約された結果である、と解釈するのも可能であろう。三十七道品という修行法の多様性は、対機説法という理由だけでは十分に納得できるものではない。これは、ある意味、初期経典の教えをすべてゴータマ・ブッダ一人に帰属させるには限界のあることを示唆する一つの事例ではないかと考えられる。

修行法のうち、禅定という修行は仏教以前のインド宗教の流れを受け、仏教において重視され体系化が進められた代表的な方法の一つである。禅定とは、静かに心を集中し、安定させて、自己の存在をあるがままにみつめ、思惟して、真理を観察する修行法をいうのであるが、初期経典にはその展開の過程や立場の相違などがさまざまにみられるのである。

その代表的な説は、禅定を九つの階梯《かいてい》に分けて最高の境地に至る九次第定《くしだいじょう》で、その九つの階梯とは色界初禅→色界第二禅→色界第三禅→色界第四禅の色界四禅から、空無辺処《くうむへんじょ》→識無辺処《しきむへんじょ》→無所有処《むしょうしょ》→非想非非想処《ひそうひひそうじょ》の四無色定へと、そして最後の想受滅定《そうじゅめつじょう》へと至るものである。欲望の世界を離れ物質からだけでなる世界を色界といい、その世界に四段階の禅定があり、さらに物質を超え純粋に精神だけからなる世界を無色界といい、これにも四段階があり、さらにそれを超えて心の作用がすべてなくなり精神統一された最高位の禅定である滅尽定ともいわれる境地に至るのである。

ゴータマ・ブッダが出家後に二人の仙人に師事して無所有処と、続いて非想非非想処という禅定の境地を体得し、それに満足せず苦行に入ったとされる伝承があるが、実は四無色定はゴータマ・ブッダ滅後にさまざまな過程を経て成立したものなので、出家後のこうした伝承は後に創作されたものである。むしろ逆に、四無色定の考え方に基づいて、この伝承は生まれたとみるべきであろう。また、ゴータマ・ブッダが入滅する直前に入った禅定の経緯が「マハーパリニッバーナ経（大般涅槃経）」に色界初禅に始まり想受滅定に至り、再び順次に色界初禅へと戻り、そこから第四禅に至って入滅すると伝承されているが、その禅定の直後に亡くなるわけであるから、こうした伝承も弟子たちの創作以外何ものでもない。いうまでもなく、こうした九次第定の成立自体も、色界四禅説や四無色定の成立以後であることから、ゴータマ・ブッダの史実性とは関係しないはずである。このように、ゴータマ・ブッダの禅定が何であったのかについては、多様に説かれる初期経典の内容からその事実を知ることはできない。初期経典のこうした記述のほとんどがゴータマ・ブッダ滅後に成立し展開した結果ということであれば、どうして初期経典がゴータマ・ブッダの説いた聖教といえるのであろうか。

最後に、仏教の根本思想ともいわれる縁起説《えんぎせつ》について論じておこう。縁起というのは文字通り「縁《よ》って起こること」を意味し、すべての現象は原因と結果の関係によって生起と消滅を繰り返しているさまをいうが、これがゴータマ・ブッダが悟ったときに、この世の真理を観察した内容であるとされる。この関係を用いて、苦はどのように生じるのか、苦はどうすれば滅するのかを説明したのが縁起説である。

初期経典には、ゴータマ・ブッダが縁起を観察したときの状況がさまざまに説かれるが、その一つに、この世の苦が生じるのは根源的執着（無明《むみょう》）によって生じるのであるが、それには生じる過程があって、根源的執着（無明）によって行為（行《ぎょう》）が生じ、順次に行為覚作用（行）によって識別作用（識《しき》）が生じるというようにして、認識の対象（名色《みょうしき》）、感覚や知覚作用（六処《ろくしょ》）、接触（触《そく》）、感受作用（受《じゅ》）、妄執（愛《あい》）、執着（取《しゅ》）、生存のよりどころ（有《う》）、そして最終的に生まれ（生《しょう》）によって老い・死・憂い・悲しみ・悩みなどの苦が生じるという、いわゆる十二支縁起説がある。苦が滅する過程も、根源的執着（無明）が滅することによって行為（行）が滅し、そして遂には苦が滅するというように同様にして説かれる。

しかし、初期経典にはこの縁起説以外にも、たとえば三支、四支、五支、六支、八支、九支、十支からなる縁起説がみられる。

ゴータマ・ブッダが観察した真理がこの十二支縁起説であったのならば、なぜ他の多くの縁起説が説かれたのであろうか。

縁起説の成立に関しては、大きくみて二つの解釈がある。一つは、十二支縁起説が成立してから各支の縁起説が派生したという考え方で、他方は三支縁起説などから次第に展開して最後に十二支縁起説が成立とする解釈である。前者は、ゴータマ・ブッダが体得したのは十二支縁起説であるとする立場で、後者はそうではなく、十二支縁起説は後代の創作であるとする立場となる。中には、後者と同様に次第に十二支縁起説へと展開したものと考えるが、それはゴータマ・ブッダが悟って後、彼の人生において思想が進展した結果であるという、いわば彼の人生の歩みの中でその展開を解釈しようとする立場である。この解釈は哲学であればありえるが、こと悟りという宗教的境地に関しては不完全な段階から次第に完全へと進展するという考え方には無理がある。

このように、ゴータマ・ブッダが十二支縁起を体得してから五支縁起説など他の縁起説が派生したという見解は状況に応じた対機説法によるものとも解釈できるが、次第に思想的に展開して十二支縁起説が完成したと捉える見解ではそのように理解することはできない。

そもそも、ゴータマ・ブッダはどのような縁起説を説いたのであろうか。最古の経典『スッタニパータ』の古層部分には、より簡潔な因果関係が説かれているにすぎなかったり、苦とは直接結びついていないなど、後の縁起説の萌芽という程度の極めて原初的な記述しかみられない。こうした文献学的立場から判断すると、ゴータマ・ブッダはとても十二支縁起説を説いたとは考えられず、もっと簡潔な説であったとも推測できる。

このように仏教の根本思想といわれる縁起説についても、ゴータマ・ブッダが実際どのような縁起説を説いたのか、わかっていないのが実情である。さらにいえば、ゴータマ・ブッダが悟ったときに観察した真理が何であったのかも、わからないのである。我々は、初期経典に説かれている実は不確実なことを前提にして、それを信じて仏教をさまざまに論じてしまっていることを、改めて知る必要がある。

†教えの矛盾

次に、多様性の一面ではあるが、その度合いが著しい、いわば矛盾の様相を呈していると思われる例を取り上げてみよう。

まず、差別に対する否定と肯定という例を取り上げる。差別に関しては生まれとカーストという身分制度をテーマにした内容が主である。前者について『スッタニパータ』には「生まれによって賤しい人となるのではない。生まれによってバラモンとなるのではない。行為によって賤しい人ともなり、行為によってバラモンともなるのである」(一三六)や「生まれを問うな。行いを問え」(四六二)と、生まれによる差別を否定し、評価は行為によってなされるべきと説いている。当時のインドの伝統的な観念とは、正反対の立場の表明である。また他にも、生まれに区別があっても、それは職業のように単に名称にすぎないものであるとし、また生まれ・家柄・血筋によってバラモンになると信じているバラモン青年に対して、バラモンの母親から生まれたからバラモンではなく、所有欲を離れ執着のない人こそが世間で評価される真のバラモンであると教える。カーストという身分制度についても、『スッタニパータ』には当時の社会制度で最下の賤民とみなされていたチャンダーラ（旃陀羅《せんだら》）が梵天界に達するという最高の名誉を得ると、多くのクシャトリヤやバラモンたちが彼のもとで奉仕したと説かれている。また、ブッダの言葉として、自分はバラモンでも、クシャトリヤでも、ヴァイシャでも、また他の何者でもないと語ったとも伝えられる。このように当時の社会的通念を脱し、生まれも、社会の身分に対しても平等の立場を主張したが、これは仏教のもつ宗教性によるものであろう。最古の経典『スッタニパータ』の第四章に、すぐれた沈黙の聖者とは、自分と他者を等しいとか劣っているとか優れているとか、互いに比べ合うことのない人であると説いている。ここには、ひたすら宗教者としてのあるべき仏教の精神性が示されている。差別を生む根源は、一人ひとりの人間性にあるとして、その人間性の確立によってこそ差別から脱することができると考えたのである。こうした平等観の流れは、初期経典の散文経典でも説かれ、評価されるべきは行為であることをテーマにした経典（『マッジマ・ニカーヤ（中部経典《ちゅうぶきょうてん》）』「サップリサ経（善人経《ぜんにんきょう》）」）、誰もが平等に解脱を得ることをテーマにした経典（『マッジマ・ニカーヤ』「カンナカッタラ経」）、そしてカースト制度を批判した経典（『マッジマ・ニカーヤ』「マドゥラ経」、「アッサラーヤナ経」など）などがみられる。

初期経典には、一方で差別を肯定するかのような正反対の記述もみられる。たとえば、『テーリー・ガーター』には「飢えたチャンダーラが犬を食べるように」（五〇九）と、上の例とは反対にチャンダーラへの差別的表現がみられる。他にも、差別を当然のようにみなした経典もある。『マッジマ・ニカーヤ』の「チューラカンマヴィバンガ経（小業分別《しょうごうふんべつ》経《きょう》）」には、この世で人間に優劣があるのは、前世の行為（業《ごう》）によって生じるとゴータマ・ブッダが答える。人間の優劣を具体的に、短命と長命、多病と無病、醜悪と端麗、無権勢と権勢、貧困と裕福、低階層と高階層、悪智慧と善智慧の一四種挙げ、そのように生まれてきた優劣の原因を説くのである。つまり、前世の行いと、人間としてこの世に生を受けたときに得る状態との因果関係を説く、いわゆる業報の考え方に基づいたものである。短命は前世に殺生《せっしょう》を行った結果であり、長命はその逆に慈愛に溢《あふ》れ生き物に哀れみをもったことによる結果であり、また傲慢によって低階層の身分に、謙虚によって高階層の身分に生まれたなどとするのである。この経典には、今に生きる人間の優劣を認めた上で、その原因を前世で行った行為に求める見解がみられる。その原因の如何《いかん》はさておき、ここでは少なくとも現実社会にみられる優劣の差別を肯定しているところに問題がある。このような内容は、上述した差別を否定する経典と比べてみても、全く異なった立場といえる。

　同じ初期経典に、こうした正反対の記述がみられること自体問題であるが、仮に経典の成立の新旧がそうした相違を生じさせたとしても、初期経典に矛盾が内包されているという事実からは逃れられない。おそらくは、この矛盾ともいうべき記述の背後には、時代によって仏教の立場に相違があったのであろう。つまり、最初期においては差別の否定という新基軸の立場が、次第にそれ以前からあった当時の世界観である業報思想と混交することによって肯定へと変化し、こうした説示になったのであろう。思想は時代を反映するといわれる。業報思想だけでなく、輪廻思想も時代につれて仏教への浸透を深め、仏教の方向性を次第に変えてしまった可能性のあることも付け加えておこう。

†苦についての態度

次に、苦行に対する仏教の態度をみてみよう。苦行（タポー）は徹底した断食や禁欲、呼吸の制御などの修行によって肉体的な欲望を抑制し、苦からの解放をめざす修行法をいい、主にジャイナ教などが実践した修行法である。ゴータマ・ブッダが悟りを開いたばかりのときに、不死に達するために苦行は役に立たないもので、まるで陸にあがった船の舵や艪《ろ》のようなものである、と悪魔に語ったと伝える経典（『サムユッタ・ニカーヤ』四―一―四）がみられる。これは悟りには苦行は不要であるという、仏教の態度を端的に表明したものであろう。また、ゴータマ・ブッダが出家後、二人の仙人に師事して禅定を実践したが満足せず、替わって苦行を六年間続けたと伝えられるが、これも悟りに導くものでないと自覚し、一人で禅定に入り悟りを得たという話はあまりに有名である。ここにも、苦行の不要論が説かれている。この伝承はよくできた話で、二人の仙人の禅定に対する不満足な対応は彼らの禅定法を低次元なものと位置づけたからであり、次の苦行への不満足な対応はジャイナ教などが行っていた修行法の苦行を否定したからであろう。この両方を否定した上で、誰にも師事することなく一人でそして仏教の主な修行法として選び取った禅定に入り悟りに至るというプロセスにこそ、ゴータマ・ブッダの、ひいては仏教の優越性と独自性を謳うことができたのである。それはともかくも、苦行に対する仏教の態度は、他の初期経典を眺めてみてもこのような対応であったと理解される。

しかし、古い『スッタニパータ』をみると少し事情が異なる。たしかに、髪を剃《そ》ったり、火神を祀《まつ》ったり、不死を得ようと苦行しても、結局のところ清浄は得られない（二四九）などと説かれているのは同じ立場であるが、他方で反対の説示もみられる。「種子は道を求める心で、雨は苦行で、軛《くびき》と鋤《すき》が智慧である」（七七）と説かれる例や、「苦行と清らかな禁欲生活と聖なる真理を観察すること、そして涅槃を体得すること、これが幸せという」（二六七）という例や、「苦行と清らかな禁欲生活と感官の制御と自制によって真のバラモンとなり、これが最高のバラモンの在り方である」（六五五）という例などは、苦行を悟りへと至るための有効な実践として、また理想的な宗教者の在り方として説いている。『スッタニパータ』という同じ経典に、相反する記述があるのは奇異に感じる。その理由は、一つには成立の新古層による相違とも考えられようが、しかし同じような成立時期の資料にこうした相違があるのも事実である。この点を踏まえて考えてみると、禅定に収束する仏教の修行法の展開にあって、苦行は一見不要のように説かれていても、実は全否定されているのではなく、悟りに導くための一条件としては認められていたのではないかとも考えられる。ゴータマ・ブッダが出家後に六年間にも及ぶ苦行を行った伝承もそう考えれば納得できよう。このように、苦行に対する仏教の態度は矛盾とも展開によるものとも考えられるが、いずれにしても多様性を示す事例ではある。

苦に関する他の例も少し挙げておこう。無常であり無我であるが故に、この世のすべては苦であるという、いわゆる「一切皆苦《いっさいかいく》」の考えは、後に仏教思想の特色を示す四法印《しほういん》の一つに数えられることからもわかるように、仏教の根本命題である。その一方で、感覚作用を示す受には苦と楽とそのどちらでもない不苦不楽という規定がある。たしかに、こうした苦や楽は主観的な感覚によって生じるのであって、客観的に規定したものではない。しかし、仏教がすべてを苦と自覚することによって苦のない理想の世界、すなわち涅槃を求める宗教であるならば、「一切皆苦」という立場は一貫して説かれる必要があるはずである。差異が生じているのは説かれる設定の違いによるとも理解できるが、素直にみれば両者にはやはり矛盾があるといわざるをえない。部派仏教になると、苦楽を伴う受を経験上感受するものとして一切皆苦とはっきり区別したのも、初期経典に説かれる両者に矛盾のあることに気づき、それを正当化するため改めて規定したものであったと考えられる。

苦に関する例をもう一つ挙げておこう。生存苦とも根源苦ともいわれる四苦《しく》（生・老・病・死）の一つ「生（生まれ）」が、五支縁起説や十二支縁起説などの縁起説では、生まれによって苦が生起するというように、苦そのものとしてではなく苦の原因として説かれている。つまり、生まれは苦ではないと考えられていることになる。仏教がめざすのは苦からの出離であるが、その根源的な概念である苦が思想によって異なった範疇《はんちゅう》に入れられているのは、やはり問題である。四苦という苦の基本的な定義と仏教の根本思想の縁起説とで生じる、こうした例は明らかに見解の相違を示したものといってよいであろう。

こうした事例は多くの場合、ゴータマ・ブッダの対機説法の姿勢によるものと簡単に理解されているが、それだけでは理解できない根本的な相違を呈しているといわなければならない。他にも細かなものも含めるともっと多くの例はみられるが、ここでは初期経典の様態を知ってもらうことが目的であるので、この程度の例に止めておきたい。

3 初期経典とゴータマ・ブッダ

結局のところ、初期経典は変わることのない一定の状態にあるものではなく、展開や見解の違いなどを含んだ多様性に満ちた経典といえる。このことは一面からみれば、ゴータマ・ブッダの教えが多様であることを意味することになるであろう。しかし、ゴータマ・ブッダがこれほどまでに異なった教えを説いたと考えるには無理があるとするならば、ゴータマ・ブッダから始まった仏教は決して彼だけの教えが変わることなく継承されていた訳ではないということになる。初期経典にはすでに変化を許容する状況にあったことをよく示していると考えるべきである。仏教の解釈はアビダルマ仏教から始まったとされるが、実は初期経典でも比較的早くから多様性が認められ、特に成立の遅い初期経典の多くにはゴータマ・ブッダの教えに対する解釈があったとみるべきである。ここで眺めてきた事例だけではなく、客観的に精査すればいたるところにそうした例を見出すことができる。

初期経典のどこをみても、その箇所だけで全体を表現しているものはない。どれもが一部分であり、ある断面にすぎない。全体をみようとすれば、少なくとも初期経典すべてを眺めなければならず、完成形を知りたければ展開の過程を知った上でなければならない。それも一直線に展開している訳でもなく、また同系の内容ばかりではない。多様に展開し、異なった系列が存在し、その他にも異説や矛盾した記述は枝葉末節にいたれば限りなく存在する。初期経典とは、こうした様態を有した文献なのである。

†初期経典におけるブッダとは

原始仏教やゴータマ・ブッダに関する概説書や入門書の類《たぐ》いは、どれもわかりやすく、あたかも仏教が興起してから一定の思想が説かれ、その展開も必然であったかのように、まとめられたものが多い。多様な要素や複雑な展開の過程が削ぎ落とされ、それらは最大公約数のような内容となっているのである。したがって、それを前提に原始仏教やゴータマ・ブッダを考え論じれば、不十分で不完全な結果を導くことにもなりかねない。多様であっても複雑であっても、そうした様態を既成概念にとらわれず全体から客観的に直視し考察することが、初期経典に臨む基本的な姿勢である。初期経典といえども、その実態は決して揺るぎのない変わることのない聖教なのではない。初期経典も、以後に展開する諸経典と本質的には変わらないのである。

初期経典には、ブッダや世尊といった名称で開祖の教えが説かれているが、このブッダや世尊とはどのような存在を指しているのであろうか。ゴータマ・ブッダに決まっているではないかと、多くの人はおそらくこの問い自体を怪訝《けげん》に思われるであろう。しかし、この問いは極めて重要である。なぜなら、ブッダや世尊の教えを歴史上のゴータマ・ブッダの直説か、直説とまでいわなくとも彼の伝えた説示として理解するのか、あるいは教えを受けた仏弟子たちの説示をブッダや世尊という名称を用いて表現したとみるのかによって、初期経典に説かれるブッダや世尊の意味が変わるからである。

上述したように、ブッダの用法の変遷や、初期経典の多様性などを総合的に勘案すれば、疑うまでもなく前者だけを意味しているとは考えにくいであろう。端的にいえば、初期経典が一人のブッダであるゴータマ・ブッダ、すなわち世尊のみによって説かれたとする立場は、経典に対する客観的理解とはいえない。初期経典の多くの表現がゴータマ・ブッダの教えとされていても、実際のところ経典の説示形態を読み取れば、主文の主語は仏弟子たちであって、副文の主語がゴータマ・ブッダであると理解するべきである。つまり、仏弟子たちが受けた教え、伝え聞いた教えをもとに、あたかもゴータマ・ブッダ自身が語ったかのように表現したのが大半であり、ときには仏弟子たちの思索や解釈もそこに含まれたとみるのが自然であろう。また、ブッダとも呼称されたすぐれた仏弟子たちの教えが経典にブッダ・世尊という名称で説かれている可能性も十分に考えられ、その意味では経典にみられるブッダ・世尊は多数のブッダの総体とも解釈できよう。こうしたことも初期経典の多様性の一因となっているようである。

従来までは、歴史上のゴータマ・ブッダと初期経典のブッダ・世尊とを何の疑いもなく同一視して理解されてきたが、そうした姿勢が原始仏教の理解を曖昧にしてきたのである。初期経典のさまざまな貴重な声を聞き分けるという姿勢が見失われていたのである。こうした峻別こそが、歴史上のゴータマ・ブッダ、経典上のブッダ、そして仏弟子たちそれぞれに対して正しい理解を生み、初期経典の真実の世界を明らかにしてくれるはずである。

初期経典に歴史上のゴータマ・ブッダの説いた教えが一部でも残存していれば、こうした問題も解消されるが、今は残念ながらそれを特定できる状況ではなく、初期経典のブッダを一々明確に規定することは困難である。しかし、ゴータマ・ブッダの歴史性は不明なままであっても、また最初に仏教の教えを世に問うた彼の教えは多岐に継承されていきながらも、その底には彼の思想や宗教性が流れ続けているというのも間違いのないことである。

次に、上記の議論を踏まえた上で、歴史上のゴータマ・ブッダを一体どのように理解すべきかについて少し考えてみたい。

†仏教はいつ始まったのか

最古の経典『スッタニパータ』の第五章は、ゴータマ・ブッダの宗教体験によって体得した悟りとは何か、個体存在とは何か、それはどのような修行によって体得できるのか、といった仏教の根本命題ともいうべき三つの内容を説いているが、これらはゴータマ・ブッダの教えを受け継いだ第一世代ともいうべき仏弟子たちが自らの実践を通して追体験し、これらの命題を展開させた内容であるという指摘が、荒牧典俊博士によってなされている。最初の命題は四諦《したい》・十二支縁起説などに、二番目は六処・五蘊《ごうん》などに、そして最後は四念処・四禅定・四無色定などの教理に発達したと考えられている。これに従えば、最古の経典すらも仏弟子たちの所産となり、現存する経典にはほとんどゴータマ・ブッダの直説というものは存在していないことになる。そう考えれば、仏教は歴史上に存在したゴータマ・ブッダの死後から始まったのではないかとも理解できる。

ゴータマ・ブッダの死後から仏教が始まったということを端的に示している例が、ゴータマ・ブッダの伝記、つまり仏伝であろう。ここで、その点について少し触れておこう。仏伝はゴータマ・ブッダの生存中の事跡をまとめたものであることに違いないが、それが史実であるか否かは大きな問題である。実際のところ、史実に基づいたものもあるが、多くはむしろ滅後に仏弟子などによって作り出されたものである。それも一気に仕上げられたものではなく、何世紀もかけて徐々に出来上がっていったことは、仏伝を伝える文献の成立時期をみてもわかることである。こうした成立事情を映し出しているかのように、実際、最古の仏教を伝える『スッタニパータ』の第四章・第五章には、兜率天からこの世に生まれたという記述（九五五、九五六偈）以外に仏伝に関する記述はまったくみられず、ゴータマ・ブッダの事跡はそれ以後の成立といわれる第三章になって、誕生（六八三―六九四偈）や出家（四〇六―四二四偈）、悟りの直前の心境を悪魔との戦いで表現された降魔《ごうま》伝説（四二六―四四〇偈）などがみられるようになり、さらに初期経典の散文資料になると『マッジマ・ニカーヤ（中部経典）』の「アリヤパリエーサナ経（聖求経《しょうぐきょう》）」には出家・禅定の修行・苦行・成道の事跡が、『ディーガ・ニカーヤ（長部経典）』の「マハーパリニッバーナ経（大般涅槃経）」には最晩年の事跡や、火葬の模様、遺骨の分配などが編年体で綴られるようになる。しかし、生涯全体を通した仏伝が出来上がるのは、さらに時代をまたなければならない。

　こうしたゴータマ・ブッダの生涯に関する事跡には、伝承されたものもあったであろうし、また仏弟子たちのゴータマ・ブッダに対する追慕の念や尊崇の気持ちから作り出されたものもあったにちがいない。このように、仏伝はゴータマ・ブッダの死後、時代をへるに従って徐々に生涯の全体像が形作られるようになるのである。ときには、ゴータマ・ブッダを神秘化することで荒唐無稽《こうとうむけい》とも思える話すら作られるようにもなる。まさにゴータマ・ブッダの教えを継承した人々によって構築されたのである。

いずれにしても初期経典は第一世代ともいうべき仏弟子たちから始まっているといっても過言ではない。まさにゴータマ・ブッダの教えを継承した、すぐれた知性と感性を具えた仏弟子たちが、自らの宗教体験を通して教えを身をもって体得し伝承することから、初期経典は始まったということなのである。しかし、仏教の根本命題がゴータマ・ブッダの教えを受け継いだ仏弟子によって展開されたということは、この命題こそが歴史上のゴータマ・ブッダの思想・宗教上における根本的立場ではなかったかということを示してくれている。

†ゴータマ・ブッダの位置づけ

では、開祖ゴータマ・ブッダはどう位置づけられるべきなのであろうか。何よりも最初に悟りを開いた、つまり悟りという人間のあるべき究極の姿を最初に完成させた人物とみることに異論を挟む者はいないであろう。彼は、修行によって煩悩を消滅して涅槃の境地を体得し、それによってこの世界をあるがままに観察し、その真実相が無常や無我、縁起であることを世に問い、そして当時のインド社会の退廃的状況の中にあって宗教上の平等を提唱するなど、新しい座標軸を構築した人物であることに間違いはないであろう。しかし一方で、ゴータマ・ブッダの実像を知るためには、たとえ偉大なゴータマ・ブッダであっても、当時のインドの状況下において輩出した人物であり、彼の存在意義も評価もその状況下でなされたという側面は特に留意しておくべきである。ゴータマ・ブッダのすべてをその歴史的状況を超えた普遍的な存在と認識すれば、実像から遠ざかってしまうことになるであろう。

ゴータマは、当時の理想的な修行者の呼称の一つであったブッダと称されていたのであるが、最初から唯一のブッダではなかったのである。また、最初に悟りを開いた人物ではあるが、最初から開祖と認知されていたわけではなく、先に記したように彼の死後の展開の過程で唯一のブッダとなり、開祖と位置づけられるようになったとみるべきである。ゴータマ・ブッダは苦悩から自らを解き放ち真理を体得し自己を完成した一人の人間であり、以後の人々の目指すべき理想的存在者となったが、決して絶対的な存在者ではなかった。宗教において開祖といえば、一般的には原理的・原則的な意義をそこに見出そうとするが、仏教に限っては、そうすることは正しい認識とはいえないのである。

ゴータマ・ブッダが、最古の経典に説かれる内容の一部、あるいはその前提となる教えを説いたことは疑う余地もないであろう。しかし上でも触れたように、最古の初期経典すら仏弟子たちの所産であるとすれば、そこからゴータマ・ブッダの教えを具体的に抽出することは困難であり、たとえそれに近づくことはできても、残念ながらそれと限定しうる手立ても根拠もない。にもかかわらず、合理に基づかずゴータマ・ブッダの教えはこうだと断定したり、そうでなければならないと信じる姿勢は自由気ままな憶測を生むだけで、逆に仏教の正しい理解を損ねかねない。

ゴータマ・ブッダの史実を探ることは極めて重要な研究目的ではあるが、一方で彼を前提にして多様に展開した歩みにこそ、仏教のもっとも重要な意義があると考えれば、ゴータマ・ブッダの歴史的存在について無理に結論を導き出す必要はない。したがって、現時点ではゴータマ・ブッダは最初に悟りを体得して、その境地を説き、その境地への修行を教え示し、人間という存在の在り方を明らかにした人物であり、彼によって仏教の歴史が始まったという極めて簡潔で抽象的なこうした理解こそが、逆説的にいえば仏教という宗教を正しく理解することにつながるのかもしれない。

†変容するゴータマ・ブッダ

以上の事柄に関連して、ゴータマ・ブッダが後の展開の中で実際にはどのように認識され、どのように位置づけられていったのかについても少しだけ述べておこう。

原始仏教以後、とりわけ大乗仏教の成立以後の歴史で用いられる「ブッダ」という語は、ゴータマ・ブッダに源を発しているにもかかわらず、前章の仏身論で述べたように、そこにはゴータマ・ブッダその人は法華経に説かれる久遠実成のブッダを除いてほとんど主要な存在として描かれていない。さまざまな大乗経典に描かれた理想的なブッダたち、たとえば浄土教の諸経典に見られる西方極楽浄土の阿弥陀仏、華厳経の十方に遍満する毘盧遮那仏などは、いずれも大乗経典を創作した仏教者たちが追求したブッダの理想像であり、願い求められたブッダがそこには厳然と表出している。それは歴史上に存在したゴータマ・ブッダではなく、それぞれの仏教者たちが願った究極的な救済者としてのブッダや真理を具現した永遠のブッダなのである。

つまり、ゴータマ・ブッダ以後のブッダは、伝播の過程でそれぞれの時代性と地域性を反映した理想像が創造されたものである。大乗仏教でさまざまに説かれるのは、まさにそうした状況に相応しいブッダたちなのである。したがって、ゴータマ・ブッダと後のブッダたちとはまったく違っているわけでもないが、ブッダと一口でいっても、同じではないのである。こうした後の仏教の展開の中で、歴史上に存在したゴータマ・ブッダは、ではどのように認識されていたのであろうか。

ゴータマ・ブッダは、この世において最初に真理を体現してブッダとなり人々に教えを広めた人物として常に尊崇の対象として理想化された。その意味で、仏教の歴史を通して仏教修行者の目指すべき存在であり続けた。スリランカなど南方に伝承した諸国では、変わることなく歴史上のゴータマ・ブッダが尊崇と信仰の対象となっていることがよい例である。しかし、北方伝承では状況の変化とともに常にその時代に即した新たな宗教的価値を創出してきた。ゴータマ・ブッダの教えすら、そのまま継承されるのではなく、新たな視点、新たな価値を見出すべく展開したのである。ある意味、ゴータマ・ブッダの名は残しつつも、実体は忘れ去られたと表現するほうが適切かもしれない。ゴータマ・ブッダの教えの何がしかを内包しつつも、新たな価値を付加しながら常に変容するところに、仏教の歴史的展開の必然があったと考えるべきなのかもしれない。

したがって、大乗経典などにゴータマ・ブッダが説かれていても、人物もその教えの内容も、歴史上のゴータマ・ブッダのものではないのである。こうした展開と変容こそが宗教としての仏教の仏教たりえる所以であろう。こうした歴史的展開を理解していながら、一方でブッダといえば開祖のゴータマ・ブッダにすぐに結びつけようとする姿勢がそもそも間違いなのである。そして、その曖昧さと誤解が仏教という宗教に対する正しい理解を妨げることにもなるのである。

第三章

展開する仏教

インドで起こった仏教はインド各地でさまざまに展開したが、その一方でインドから他の地域に伝播する過程においても驚くほどの大きな展開を遂げた。特に、西北インドから中央アジア、中国、日本などに至る北方伝承においては顕著であった。これより、その過程における多様化や伝播した地域に同化していく仏教の歴史的展開を探っていきたい。

また、仏教は神の啓示による宗教ではなく、人間が真理を体得してブッダとなり、その教えに基づいた宗教であることを論じ、その特性を歴史的展開におけるさまざまな事例より検証する。

1　仏教はどのように伝播したか

一神教との比較

自らが信仰する神を唯一絶対と信じ崇拝している人々は、他の人々が信仰している神を認めることはない。唯一なる絶対者は、二つと存在しないからである。そのことは、同時に他の神やその宗教を排斥することを意味する。キリスト教もそうであるが、特にユダヤ教とイスラームはその点が顕著である。このような一神教徒は、ときに他なるものを自らに同化させようとすることで対立の構造を生じた歴史を我々はよく知っている。こうした状況は、今後も世界のどこにでも起こりうる可能性を秘めている。一神教はどこに伝播しようとも、自らの宗教の同一性を維持し続けようとするからである。

今日、世界の一神教を地域的にみれば、キリスト教もイスラームも世界各地に拡がっているが、イスラームは中近東を中心として北アフリカ、中央アジア、インドネシア、バングラデシュなど比較的限られた地域に展開しているといえる。一方、ユダヤ教は主にイスラエルと限定的である。また人口の面からみても、一神教は、東アジア・東南アジアの仏教徒、インドのヒンドゥー教徒、そして中国のような社会主義国家を除いた世界人口の多数を占めている。このように、今日の世界は同じ根元から三つに分かれた一神教を中心とした構図の中にあるといえよう。

それに対して、インドに起こった仏教は、南はスリランカから東南アジアへと、北は中央アジアから中国、日本などへと伝わっていったが、その伝播の仕方はキリスト教やイスラームなどとは著しく異なった歴史的展開を遂げる。端的に言うならば、仏教の展開には異なったものの中に入り込み、自らをそこに適応させるように変化させ、それまでのどちらにもなかった新たな形態を生み出すといった性質がある。仏教は、常に伝播していく国々にあった以前からの宗教と融合していくのである。融合した世界が構築されるや否や、そこには新たにして独自な仏教が花開くことになるのである。

インド仏教とか中国仏教、あるいは日本仏教、チベット仏教という呼称があるのは、それまでの仏教とは異なった新しい仏教がその地域で開花したことを物語っている。このような言い方はキリスト教やイスラームにはみられず、仏教の歴史の特色でもある。

そうした現象が生じるのには、さまざまな理由はあろうが、何よりも仏教が人間を軸にした宗教であることによるからであろう。たとえ人々に異教の神への信仰があっても、仏教は人間のあるべき道を説き明かす宗教であるので、信仰対象の違いによって宗教上の対立や摩擦を起こすことはない。そのためであろうか、仏教は、何に対しても寛容な宗教といわれ、その結果、多様性を有することになるのである。しかし、反面、基準がなく曖昧であるという評価もありえよう。キリスト教がイエス・キリストと弟子たちのことばを集めた『新約聖書』、イスラームが神からの啓示をことばとしてまとめられた『クルアーン(コーラン)』を中心とした限られた聖典を持つだけであるのに対して、仏教は開祖ゴータマ・ブッダの教えた経典のみならず、伝播した先々で新たに仏典が説かれ厖大《ぼうだい》な数に上っている事実が、そのことを見事に証明している。これは仏教の多様性の象徴といってよいであろう。要するに、互いに異なったものが交わるとき、仏教は一神教のように他者を自己に同化させようとする作用とは正反対の関わり方をした宗教といえるのである。

ところで、仏教は文字通り「仏（ブッダ）の教え」と読めるが、この仏は開祖ゴータマ・ブッダを指すものと一般的に理解されているし、それはある意味正しい理解である。しかし、仏教の歴史を鳥瞰してみると、そこには数多くの仏が存在し、常に新たな仏教が起こってきたことを考えると、「仏教」の仏は必ずしもゴータマ・ブッダに限らないのではないかという理解があってもよい。仏教史上においてはインドのみならず中国においても智顗《ちぎ》、吉蔵《きちぞう》、善導、法蔵、臨済《りんざい》など、日本においても最澄《さいちょう》、空海《くうかい》、法然《ほうねん》、親鸞《しんらん》、道元《どうげん》、日蓮《にちれん》など数多くの偉大な仏教者たちが輩出し、彼らは生きた時代と地域に即応した新しい仏教を世に示した。こうした仏教者が、仏教の歴史において時々に衰退した仏教に命を蘇らせ、それまでとは異なった新たな仏教を構築した。仏教の歴史は、ゴータマ・ブッダと同様に悟りを体得した数多くのすぐれた仏教者の存在があればこそ、今日まで持続できたとみるべきであろう。こうした仏教者を単に仏弟子とか、あるいは教えを新たに解釈し体系化を進めた人物、あるいは註釈者としてのみ位置づけるべきではないであろう。

このような歴史的展開は、唯一神と信者との関係だけで存在しつづけているキリスト教やイスラームの歴史とは著しく異なっている点である。仏教は、ゴータマ・ブッダの教えを絶対的な大前提として、以後の展開に批判や多様性を認めない教条主義的立場とはまったく考え方を異にする宗教といえる。表現を換えれば、それは「これこそ仏教である」と歴史上のどれかの思想や立場に仏教の存在意義があるとする原則論的立場ではなく、時代性や地域性に対応する現実論的立場に立つ宗教といえる。ただし、そうであっても、どれもが仏教というわけではなく、そこには仏教ならではの、ある価値や意義が通底していなければならないのはいうまでもない。

こういう立場で論を進めると、開祖であるゴータマ・ブッダの教えは、成立した北インドという地域と紀元前四、五世紀という時代とに制約されるものであり、ゴータマ・ブッダ自身はその状況下で理想的自己を具現化し、苦悩する人々に生きる新しい座標軸を示し、当時の人々を分け隔てなく導き救済した人物であると考えられる。つまり、悟りという普遍的世界を体得しても、人々に説き明かした教えはその時代や社会的状況に即したものである。そう考えれば、ゴータマ・ブッダは、仏教を最初に世に問うた人物という以外に、後に輩出した偉大な仏教者と宗教上の視点からみて根本的に異なる点はさほどないのではないかと思われる。要するに、ゴータマ・ブッダから始まった仏教は、宗教的体験に基づいて自己確立を成し遂げた数多くの仏教者たちの連続面として捉えることができる。

†時代と地域に即する変容

このように、仏教はゴータマ・ブッダの教えを絶対的とみなすことなく、また歴史的展開の過程で変容や多様性を認める宗教であることは、数多くの偉大な仏教者の出現や伝播の受容形態の例をみても明らかである。そうした伝播の具体例を少し眺めてみよう。

まず、中国に伝わった際の受容の仕方の一端を格義《かくぎ》仏教の例から、次にインドからチベットに伝わり古来からのボン教と融合したチベットの例を、また日本での受容の例を神仏習合からみてみよう。そこには仏教が伝わった先々でその中に取り込まれたり、逆に影響を及ぼすことによって固有の仏教が誕生し育まれていくさまがみて取れる。

中国では、初期段階でのインド仏教への対応の仕方を一般的に格義といい、そうした仏教を格義仏教という。それは比較的初期の三、四世紀ごろにかけて行われたもので、インドから将来された仏典を、すでに独自の思想として確立させていた道教や儒教といった思想を基にして漢訳し、それによって異国の仏教を理解しようとした。つまり、インド仏教を直接に受け入れるのではなく、一旦中国化してから受容するという対応であった。たとえば『般若経』に説かれる「空」を老荘思想でいう「無」によって、また悟りの完成を意味する「菩提《ぼだい》」を儒教や老荘思想の根本概念である「道」によって「成道《じょうどう》」と、また経典に説かれる子が親になすべき態度を儒教の家族制度で用いる父母や祖先を敬う「孝」という観念で表現する例などが有名である。そうした受容の仕方は次第に廃れるものの、以降も中国仏教は程度の差こそあるが、基本的にはそのような立場でインドなどからの仏教を受容するのである。

チベットに仏教が伝わったとき、チベットにはもともと土着のシャーマニズムである原始ボン教があったといわれている。後には、ボン教は教祖のシェンラプ・ミボによって死者の弔いの儀礼と招福除災《しょうふくじょさい》のための祀りが一体化されることになった。九世紀後半以後になると、インドから伝わった仏教の影響を受け、次第に教義も整えられ組織化されたが、他方で仏教もボン教の影響を受け、相互に関係をもちながら展開した。この過程が仏教のチベット化の一つの事例といえる。教祖の伝記はゴータマ・ブッダと類似し、場合によってはゴータマ・ブッダがインド仏教の開祖で、シェンラプ・ミボがチベット仏教の開祖という見方もあるという。ボン教の教典は仏教の大蔵経とほぼ対応した形態をとっているのが見受けられ、また仏教寺院と同じような寺院が各地に多数造られた。仏教では尊者を敬うために右繞《うにょう》するのに対してボン教では左繞することや、卍の文字が逆であることなどが有名であるが、こうした正反対の立場をとるのは、実際は影響を受けながらも、そうすることで独自性を示そうとしたのであろう。いずれにしても、仏教はボン教とさまざまにつながり、融合の度合いも強いことがよく窺える。

日本では、異国の宗教である仏教はどのように受容されたのであろうか。その典型的な形態は日本固有の神祇信仰と仏教が融合した、いわゆる「神仏習合」といわれるものであろう。仏教が伝来してしばらくは互いに関係をもつことなく、ときには不和を生じることもあったが、奈良時代に入ると国家の政策によって仏教が広まり、神社に寺院が付属するといった「神宮寺《じんぐうじ》」という形態が生まれるなど、日本固有の神祇信仰と仏教が具体的な形をもって融合した。神に対する仏教の救済、他方で仏教に対する神の守護など、さまざまに両者の関わりが生まれた。神への読経や経典の奉納などもみられる。

平安時代になると一層関係が深まり、仏や菩薩が仮の姿として神になって人々を救うという考え方も現れた。これを「本地垂迹説《ほんじすいじやくせつ》」という。神を「権現《ごんげん》」というのも、「本地」である仏や菩薩が「権《かり》」に神のすがたとなって現れる（「垂迹」）という意味からである。こうした融合はさまざまな形となって現れる。八幡神《はちまんしん》と菩薩とが結びつけられ八幡大菩薩という名称も生まれたり、神祇と仏事の両方を行う僧侶が現れたり、寺院に神が祀られたり、神社にも寺の影響がみられたり、仏像の影響を受けたと思われる神像がみられたりとさまざまである。そうした立場は、天台宗《てんだいしゅう》や真言宗《しんごんしゅう》の教理でも説かれるようになる。

ただ、鎌倉時代の中頃以後になると、神道が理論化される過程で反本地垂迹説が出て、それ以降は融合とは逆に神仏分離へと歩みを進めることになる。しかし、こうした神祇信仰と仏教との融合は、日本が異国の仏教を受容した一つの典型例であることにちがいない。

これも日本独自の仏教であるといえよう。また、平安時代に成立した修験道のように、日本古来の山岳信仰がシャーマニズムや神道、そして密教などと融合し独特な形態をもった宗教もある。

つぎに、こうした歴史的展開とは少し趣を異にし、仏教自体が変容していく過程がみられる。そうした例を中国や日本にとってみてみよう。

中国の仏教者たちは、インドの諸経典を整理分類し体系化してその価値を定めて再構築し、ゴータマ・ブッダの悟った真理や仏道の真意を確立しようとした。これを一般に教相《きょうそう》判釈《はんじゃく》（教判）といい、代表的なものとしては慧観《えかん》の五時教判や天台宗の五時八教、華厳宗の智儼《ちごん》や法蔵の五教十宗という教判などが挙げられる。日本でも天台宗や真言宗の成立根拠として教判が行われ、鎌倉新仏教でも法然や親鸞、日蓮などによって教判が完成された。このように、教判とは伝承された経典を仏教者自らの宗教的・思想的立場に基づいて整理分類し、それをもってゴータマ・ブッダの真意を明かすことであり、その多くは宗派成立の根拠となった。

ここで、その中でも法然と日蓮について、もう少し詳しく眺めてみよう。平安時代末期、社会は飢饉と戦乱という劣悪な環境にあり、仏典には末法の到来が説かれ、一方で民衆の無知なる状況を自覚した法然は、その時代性を直視して新たな宗教的価値を提示し、自力で悟りを目ざす聖道門を捨てて、念仏によって来世に生まれる浄土門に帰すると説き、浄土宗を開いた。その姿勢はいわゆる「時機相応」といわれるもので、それは教えが説かれる時代（時）とその教えを受ける側の能力（機）に相応したものという意味である。それまでの教えの深・浅や賢者・愚者という区別を捨て、浄土三部経や中国浄土教の道綽や善導の教えに基づいて、劣悪な時代とそこに生きる愚者とに適した専修念仏の実践こそ救いの教えであると『選択本願念仏集《せんちゃくほんがんねんぶつしゅう》』において説いた。

同様に、日蓮も五綱や五義といわれる立場から一層具体的に教えを説いている。教えの深浅（教）、教えを受ける者の能力（機）、時代（時）、国土（国）、仏の教えが流布する順序（序）に基づいて説かれなければならないとし、『法華経』こそがこれらの条件を満たす今の時代にもっともふさわしい経典であるとし、日蓮宗を開いた。時代を直視し、苦悩する人々に救いの道を示した二人の仏教者は、同時代にあってもそれぞれの宗教体験に基づいて固有の仏教観を世に問うた。

また、法然の教えを受けた親鸞は多くを継承しながらも異なった立場も表明した。専修念仏を行とし浄土に往生するために信を条件とした法然に対して、親鸞は信を阿弥陀仏から廻《え》向《こう》されるものと理解し、さらには他力という立場から独自色を押し進め、両者にも相違が生まれた。このように法然と親鸞が説いた教えは、共にインドと中国の浄土教の成立まで遡《さかのぼ》れるが、両者の説いた教えは法然と親鸞それぞれの仏教だけにみられるものであり、また日蓮に関してもその源流はインドの『法華経』成立まで遡れても、日蓮の独自性が露わになっている。

その他にも、たとえば中国の隋の時代に信行が起こした三階教《さんがいきょう》は、第一段階では一乗、第二段階では三乗の教えがふさわしいが、第三段階では当時信じられていた末法と穢土《えど》の世界に対応するために、これまでとは違った新たな教えが要請されていると考え、人々の救済の教えとして独特な普法を提唱し、その教えは当時の社会に急速に広まった。

このように、中国や日本で教判などを提唱した仏教者は、ゴータマ・ブッダの教えを単に整理分類して解釈を施しているのではなく、自らの宗教体験に基づいた選択が根底にあって、それによって独自の宗教的価値を見出したのであろうが、それらは彼らが育まれた固有の文化や宗教性に裏付けられたものである。つまり、教判はゴータマ・ブッダの教えの継承と展開という反面、新たな仏教が構築された側面をもっているのである。こうした展開こそ、仏教の歴史に通底している特色といえる。それらの教えには、源流に遡ればゴータマ・ブッダの名称や教えが想定されていても、実質上その意義はほとんどない。ここには、ゴータマ・ブッダが直接的に介在しない仏教が存在しているということである。こうした事例は、何も中国や日本の仏教に限ったことではなく、インドでも中国でも日本でも仏教のさまざまな歴史上の局面でごく普通にみられる現象である。

仏教の歴史は、その時々に生きた仏教者たちによって、そのとき、何が正しく、そして何がふさわしい教えであるかどうかを、自らの宗教体験と思索を通して説き示しながら展開しているのである。つまり仏教は、ゴータマ・ブッダの教えであるという大前提を掲げながらも、実際にはそれぞれの時代に生きた仏教者たちの実存という枠組みの中で、そのときにもっともふさわしい教えを考究し続けた歴史であるという事実を我々に示している。

2　仏教は何を信仰するか

†「宗」の意義

こうした歴史的展開を「宗《しゅう》」という視点からも考えてみよう。ここでいう「宗」という語は、元来は根本的立場を示す意見や主張を意味していたものが、思想や理論などとも理解されるようになった漢訳語である。浄土宗や日蓮宗など宗派名で知られるように、組織や教団の意味でよく用いられるが、これは後に原意から派生して同じ主張や思想を共有する人々の集団や組織に焦点が当てられた結果であろう。

実は、この「宗」という語もまた仏教の変容を如実に物語っているのである。たとえば、ゴータマ・ブッダの数多い教えの中でどの教えが真実であるのかと突き詰めて、すべては心（識）がつくり出すという教えを真意としたのが法相宗《ほっそうしゅう》であり、すべては空であるということが真意であるとしたのが同じく三論宗《さんろんしゅう》であり、また『法華経』を真意であるとしたのが天台宗であり日蓮宗である。そのようにして、数多い教えの中から選び取った教えを宗の根本的立場として、それぞれの宗が開かれたのである。

それらを真意とした根拠が何であるのかを問うならば、それは上述したように同じ時代に生きた人々の苦悩を直視しその現状を踏まえた上で、何が正しく、何がふさわしい教えであるかを、仏教者自らの宗教体験と思索を通して得た宗教的確信なのであろう。

このように、何か一つを真意とすることは、その時代に生きた偉大な仏教者がその時代の人々を導くために一つを教えの核として、それが真実の道であると表明したことに他ならない。宗祖としての彼らの根本的立場の表明は、ゴータマ・ブッダの写しではなく、ある意味、その仏教者にのみ体現された独自な道なのであって、決して単なる教えの継承者ではなく、真理の体得者でもある。禅宗では、開祖や卓越した僧のことを仏祖《ぶっそ》というが、これは彼らがブッダと同等であると解釈されてきた証でもあろう。中でも、中国の唐代末の禅僧・臨済義玄《ぎげん》は『臨済録』に、仏や宗祖に逢うとも、それらを殺して初めて、あらゆるものから束縛を離れた自由自在の境地である解脱を得る、と説いている。何とも刺激的な表現のようではあるが、これはたとえブッダであろうとも宗祖であろうとも絶対視することなく、それを否定し超えるところに仏教者の本来的意義があることを説こうとしたものであろう。また、その他の宗派でも、開祖の仏格化がおこなわれているという。このことから、宗派仏教における宗祖もブッダそのものとしてか、あるいはブッダ化すべき存在者と位置づけられていることがわかる。

自らの宗教的実践と哲学的思索を通して体現された宗祖の新たな仏教も、実は宗祖が信じ学んだ過去の偉大な仏教者たちの仏教と等価値といっていいのである。いつの日にか、その宗祖も信じ学ばれる対象となり代わり、次に出現する偉大な仏教者が新たに宗派を開くことになるであろう。こうした展開を遂げる宗教が仏教なのである。

しかしながら、そうして開かれたはずの宗派が、時代性や地域性を反映することなく、旧態依然としてまるで保持することが目的化したかのように存在し続け、それによって排他的な状況を生むことになれば、その宗派は宗祖の意志はもとより、仏教の範疇からもはみ出している。仏教は常にその時代その地域に根ざした宗教であり、そこで生き生きと活動していなければならず、現実を無視してただ単に形式的な信仰という形態だけで宗祖と個人が結びついて存続しているならば、これまた仏教の枠から逸脱することになるのである。宗祖が宗を起こした真意が今も生きているかどうかを直視することが、宗祖の真意を継承することになるであろう。そこに、宗派が宗派として存在する意義があるはずである。

†「信」の対象

つぎに、「信」の視点から仏教の展開を考えてみよう。

人間一人ひとりの抱える苦悩と矛盾に満ちた人生の中で、それにどう向き合って生きるべきかという人間の本来的な問題を考え抜いた末に、阿弥陀仏から廻向される「信」こそがその解決への道であると、親鸞が説いたことはよく知られている。この「信」は仏教が興起して以来、仏教者の実践にとって根本的にして不可欠な姿勢として説き続けられてきた。「信」とは、サンスクリット語のシュラッダー、アディムクティ、プラサーダなどの漢訳語で、時代によって様々に定義づけられるが、もともとの意味はブッダやその教え、また真理に対して確信すること、またそれによって心が澄むことなどをいう。したがって、「信」は本来的にはゴータマ・ブッダその人と真理に対するものであった。

しかし、時代の変遷とともに「信」の対象は大きく変わっていく。つまり、ブッダ観の変遷や教えの展開とともに、それらに並行して「信」の対象も変わっていく。法身としての毘盧遮那仏や報身（応身という説もあるが）としての阿弥陀仏の出現、また応身として人々の要請に応じ救済するためにさまざまな姿となったブッダの出現によって、歴史上の一人のゴータマ・ブッダとは異なったブッダに対する「信」が起こるのである。また、将来ブッダになる数多くの菩薩に対する「信」も、ブッダ同様に盛んに行われるようになった。観音《かんのん》菩薩、文殊《もんじゅ》菩薩、地蔵《じぞう》菩薩などはそれぞれに固有の能力をもつ救済者として現れ、人々の願いに応えた。

こうした信仰の対象は、何もブッダや菩薩だけに限ったことではない。中国や日本では宗祖などに対してもみられるからである。日本での例を挙げると、たとえば浄土宗の開祖である法然とその教えが、今日まで浄土宗に属する僧侶や信者の信仰対象となっている。これは何も法然だけに限ったことではなく、宗祖の教えを継承したすぐれた仏教者に対しても同じである。浄土宗の人々にとって信仰の直接的な対象は法然と阿弥陀仏であって、ゴータマ・ブッダではない。つまり、ゴータマ・ブッダはその背後に存在する間接的な信仰対象なのである。間接的とはいわないまでも、決して前面に立つ存在でないことだけは確かである。

このように、後代に輩出した法然など数多くの偉大な仏教者を人生の導き手として信仰対象として許容している事実は、ゴータマ・ブッダおよびその法身・報身・応身としてのブッダだけが仏教における唯一の信仰対象ではないことを意味している。仮に、仏教がゴータマ・ブッダだけを唯一の信仰の対象とする宗教であるならば、法然などに対する信仰という形態は存在しないはずである。多くの宗派の開祖に対する信仰が成立するのも、仏教がそれぞれの時代と地域において出現した開祖たちをゴータマ・ブッダと同じように信仰される対象として認める宗教であるからに他ならない。ゴータマ・ブッダも、またブッダと表現しないまでも真理を極めたさまざまな開祖たちも、信の対象者という意味では、ブッダと同列に置ける仏教者と見なすべきなのである。そう捉えてこそ、それぞれの時代に生き続けた仏教という宗教の本質を知ることにもなるのである。

仏教の歴史を相対的にみると、ゴータマ・ブッダだけが「信」の対象ではないことがよくわかる。こうした言い方をすると、間違いなく誤解を生むであろう。とりわけ、ゴータマ・ブッダを唯一の信仰対象とする南方上座部仏教の人々にとっては許し難い妄言と捉えられるであろう。なぜなら、上座部仏教の人々は、スリランカに紀元三世紀頃伝わってから、今日まで一貫してゴータマ・ブッダに対する「信」を実践し続けているからである。上座部仏教の展開した地域が文化や風土においてゴータマ・ブッダが活動した地域と類似していることや、上座部仏教に基づいた国家形成などによって、北方に展開した大乗仏教ほどに多様性を生まなかったのではないかといった理由は横に置くとして、ともかく上座部仏教は大乗仏教の展開と同一視できないことを断っておかなければならない。

また大乗仏教を信奉している人々の中でも、こうして相対化されたゴータマ・ブッダ観を強く批判する人もあろう。しかし、そうした人でも、直接的にかかわる宗祖、たとえば浄土宗であれば宗祖である法然に対する信仰心はゴータマ・ブッダに対するよりも大きくて深い場合がほとんどである。ゴータマ・ブッダを仏教の開祖としてその偉大さや深遠さを理解していても、宗祖を超えた信仰がそこにあるとは思えない。つまり、建前上はブッダというが、本音では宗祖に対する信仰が優先しているのである。特定の宗祖を信じ、ゴータマ・ブッダはその補完者として捉えているようにも思える。こうしたことが事実であるならば、ゴータマ・ブッダに対する建前論のような立場を捨て、ゴータマ・ブッダの存在意義を仏教史の上で客観的に捉え直す必要がある。その視点は、決してゴータマ・ブッダを軽視することにはならない。むしろ無批判に崇め信仰する視点こそが、ゴータマ・ブッダの歴史的意義を見誤り、仏教の本質を見失うことにもなる。信仰対象が変わろうが、多様性を持とうが、その時代時代に人々が主体的にブッダや宗祖を尊崇することこそが、むしろ仏教における信仰の在り方としては自然といえるであろう。そのような信仰形態を許容するところに、仏教の仏教たる所以があるのであり、実は人々は知らず知らずのうちにそのことを実践しているのである。要するに、仏教を正しく理解するためには、一人の開祖だけを偉大化したり神格化したり限定化したりする姿勢ではなく、歴史において仏教の真理を体現して人々を救済した仏教者たちに対する「信」も、その価値に優劣はないとする立場こそが重要なのである。

†重層化する「信」

では次に、信じる者とその対象者とが、どのような関係をもって展開したのかを上述の内容をもとにまとめてみよう。仏教の歩みが時代性と地域性に相応するという現実論的立場に基づいて考えるならば、それが成立する基本的条件は二つに大別できるであろう。一つは、宗教的体験を通してゴータマ・ブッダと同等の境地を得た歴史的存在者や、あるいは大乗仏教で出現した阿弥陀仏や毘盧遮那仏のような人間を超えた普遍的なブッダが出現し、その時々にふさわしい教えが説かれるということであり、他はその教えがそこに生きる人々にとって現実的であり新鮮で、何よりも救いとなるという要件が満たされていることであろう。信じる者と信じられる対象との関係にこうした条件が満たされることで常に新たな形態を生み、それによって仏教の歴史は連綿と続いてきたのである。

このことを少し視点を変えて解釈してみよう。仏教者であるためには、まずブッダとその教えに直接「信」を起こすことから始めなければならない。大乗仏教でも浄土教を信仰する人々にとって「信」の対象は、人々を救済する偉大な阿弥陀仏などのブッダであって、人々にとって常に現実的で直接的な存在であった。たとえ開祖であっても、インドという異国で、しかも遥か昔の存在であれば、ゴータマ・ブッダに対する「信」は強くはなく、阿弥陀仏などのようなブッダの背後にある存在としてしか認識されないであろう。こうしたゴータマ・ブッダへの信の在り方は、宗派の人々にとってみれば、宗祖の背後におられる阿弥陀仏、毘盧遮那仏などへの信仰も同様のことがいえよう。

大局的にみると、信仰する人々は、ときには阿弥陀仏などのブッダを、ときにはそれぞれの宗祖を直接的な信仰の対象とし、それらを通してゴータマ・ブッダに対し間接的に「信」を起こしていることになる。時代や地域が移ろうとも、変わることなく常にゴータマ・ブッダへの「信」に収束する南方の上座部仏教の形態とは、著しく異なっている。伝播の違いによって、このような異なった「信」の在り方が存在するところに仏教の多様性という特質が露わになっているともいえよう。

ゴータマ・ブッダが直接「信」の対象となったのは、原始仏教の時代である。その流れは部派仏教にも及ぶ。スリランカや東南アジアへ伝わった南方の上座部仏教も原始仏教の流れであるので、同じである。

それに対して、インド、中国、日本へと伝播した大乗仏教は「信」が二重、三重へと層を重ねる重層性を見事に示している。そこでは、直接的な「信」の対象者である宗祖と、その背後におられる阿弥陀仏や毘盧遮那仏と、そしてその最も奥に存在するゴータマ・ブッダへの「信」とが一体化している。ゴータマ・ブッダへと収束することによって「信」の対象が違っていても一つの範疇で括《くく》ることができるのである。そう理解することで仏教がブッダの連続性によって成り立った宗教であることがよくわかるのである。

このように、南方上座部仏教のゴータマ・ブッダへの「信」を主軸とした立場と、他方で大乗仏教のように時代によって異なるさまざまなブッダへの「信」を主軸とした立場とでは宗教上の構造に大きな相違がみられるが、今日までそれらは別々に語られて、仏教全体からほとんど捉えられてこなかった。

南方伝承はゴータマ・ブッダという特定のブッダへの「信」をもって二〇〇〇年を超えた歴史を継承している。これは、一見したところ北方伝承の多様性と著しく異なっているかのようにみえるが、実はこの南方伝承の展開も仏教全体の歴史から眺めれば、多様性の一つの形態を示しているとみるべきであろう。南方伝承における歴史の過程では、その時々に生きる人々のゴータマ・ブッダへの「信」は、北方伝承のようには大きく種々に変容しなかったが、それはいくつかの条件が整ったことで、結果として時代を経ても大きく変わることなく継承され続けてきたということではないかと考えられる。風土や文化がゴータマ・ブッダが生きた時代や地域と類似していることや、上座仏教王権に基づいた国家形成が存続していることなどがその主な理由であろう。他にも理由はあろうが、いずれにしても変容していない形態が仏教という枠組みから外れていることを示しているわけではない。このように、仏教を全体から俯瞰してみれば、仏教の基本構造が露わになるはずである。

3 仏教の特色とは何か

仏教は神の啓示による宗教ではなく、人間ブッダが悟りを体得し真理を観察したことから生まれた宗教であることが理由なのであろうか、その歴史は他の宗教とは異なった軌跡を辿ることとなった。ここでは、仏教の歴史にみられる宗教上の争いや、伝播した地域の風土の問題にもふれながら、宗教学の立場から仏教の歴史的展開の特質を少し考えてみたい。

†神を立てない宗教

世界の三大宗教といわれる中、キリスト教とイスラームは一般に宗教学の範疇では一神教といわれている。一神教とは、全宇宙に存在するのは唯一の神であり、その神への信仰によって成り立つ宗教のことである。その唯一の神は、絶対的な力を有する全知全能者であり、無から一切を創造する主であるとともに、最後の審判者でもある。歴史的には、複数の神々に上下が生まれ、その中で単一の神が最高位に立つ単一神教や、機会や祭祀ごとに異なる一神のみを最高神として交互に崇拝する交替神教を経て、これらがさらに徹底的に純化されて、自分たちが崇拝する神のみを唯一絶対の神とみなし、他の神々の存在を否定する唯一神教が成立したと理解されている。

ユダヤ教とそこから派生したキリスト教、イスラームに見られる一神教は、言語学上の区分でセム語族であることからセム的一神教とも総称される宗教である。厳密な意味での一神教はこのセム的一神教のことである。その特徴は、神が預言者を選び、その言葉でもって神が人間に対して自らをあらわし示す、即ち啓示を与える点にある。

これら三つの宗教は互いの宗教に対する理解に違いがみられる。神が唯一である以上、そこから派生する後世の一神教は先行する一神教を何らかの形で自分の伝統に取り込まざるをえない。そういう理由であろうか、ユダヤ教は他の二つの宗教の神を認めないが、キリスト教はユダヤ教を神と人との古い契約として受け入れる。イスラームはそれを受け入れないものの、両宗教を同じ神から啓示を受けた先行宗教であると認めている。

いずれにしても、一神教は神観念を持たなかったり否定する無神教や、多数の神々の存在を認め崇拝する多神教と対比される宗教である。ただ、大きい視点から宗教史を眺めれば、多神教と一神教とはそれほどはっきりと区別できるものではないともいえる。しかし、一神教は特定の唯一神を根拠にして他の宗教に対しては不寛容な対応や、ときには厳しく排斥するという排他的な態度がみられることもある。中でもイスラームの偶像崇拝否定は有名である。一神教の神は自然も人間も超越した存在であるからこそ、人間がみられる形を超えた、あるいは形のない存在なのである。したがって、イスラームのように偶像は神ではないと否定され、偶像崇拝する宗教は排斥される。

キリスト教では、人間はアダムが神の命に背いた罪によって生まれながら罪を背負うという原罪説が唱えられ、その人間が自ら贖《あがな》うことができない罪をイエス・キリストが自らの死によってつぐなったという贖罪《しょくざい》の考え方がある。イエス・キリストは、神が全人類を救済するために結ばれた人間との契約の仲介者であり、そのために十字架の上で死んだとされる。神から一方的に救いの手が人間に差しのべられ、他方で神への徹底した信仰という義務が人間に求められる。こうした一神教では、人間は神とは明確に断たれた異質な存在であり、誕生、人生、死というすべての局面において、神の思し召しによって生かされる存在とされる。

一神教に対して、仏教はそれとはまったく異なった構造をもつ宗教であり、とりわけ神という概念がないことが著しく異なる。一神教が神と人間との関係であるというならば、仏教はブッダと人間という関係で成り立つ宗教といえるが、ブッダは神ではなく人間であるという理解が重要である。宗教の大前提は「苦悩からの解放」をめざすことであるが、キリスト教、イスラームは神によって人間の苦悩が解放されるのに対して、仏教は人間自らが悟ることによって苦悩を解放する宗教なのである。

†仏教におけるブッダと人間

一神教の神に対応する語は、仏教ではブッダという語であろう。ブッダはサンスクリット語でbuddhaと書くが、これは語根√budh「目覚める」の過去分詞から名詞化された語で、「目覚めた人」という意味である。漢訳の「仏陀」はその音写語である。ブッダとは、世俗の迷いから目覚めた人であり、真理に目覚めた人のことをいい、一般に悟った人ともいうのである。絶対的な力を有する全知全能者であるとか、無から一切を創造する主であるとか、最後の審判者とかいった存在ではなく、あくまで修行によって悟りの境地を得て真理に目覚め、苦悩から解き放たれた人間のことである。仏教は、言うまでもなく、このブッダの出現によって起こった宗教である。

したがって、一神教のような神と人間との関係によって成立する宗教とは根本的に相違している。悟りの境地は成道とも涅槃とも解脱ともいわれるが、悟りの道を完成させたことから成道といわれ、苦悩を起こす原因である煩悩を消滅させることから涅槃といわれ、苦悩から解き放たれたことから解脱といわれるのである。キリスト教のような原罪説や贖罪の考え方はなく、常に人間は善くも悪くも自らの行為によって、自らがそれにふさわしい結果を導くと説くのが、仏教の基本的な立場である。

ブッダとなったゴータマが自らの宗教的体験によって体得した真理を、言葉で表現したことによって、仏教という宗教が誕生したのである。決して神の啓示によるものではない。ゴータマ・ブッダの真実の教え（法）を受けた仏教修行者たちもブッダになるべく修行を重ね、ブッダの境地を追体験していくのである。

部派仏教では、ブッダではなく阿羅漢となることを、大乗仏教では誰でもがブッダになることを目ざすなど、展開の過程で違いがみられるようになるものの、仏教は悟りの体得とそれに基づいた教えによって展開し続けた歴史といってよい。その意味で、仏教は人間存在を探究し、人間の生きるべき道を問い続け、人格の完成と真の自由の獲得を目ざし、伝播したそれぞれの国々の文化や習俗などに応じて多様に展開を遂げた宗教なのである。

こうしたことは、反面、ゴータマ・ブッダの教えが歴史的展開の過程で何がしかの部分が消滅していくなり変容していくことを暗黙のうちに肯定していることを意味する。それは同時に、時代に即応した新たな教えこそが、そこに生きる人々にとっての仏教であるということを示している。一方、キリスト教やイスラームにあっては唯一神やその神への信仰、そして神の属性は、いかに時代が移り変わろうとも決して変容することはない。仏教と一神教には、大きいというよりは異質というべき差異がある。ただ、キリスト教もイスラームも一神教でありながら、その展開に多様性がないわけではない。キリスト教はいうまでもないが、最も厳格な一神教であるイスラームでも、ムハンマドの死後、彼の説いた教えを教徒が解釈しイスラームが多様化していった側面があり、それによって思想の豊かさがもたらされたとも、危険な側面が生じてきたともいわれている。このように、キリスト教やイスラームの歴史的展開でも教義の解釈などに多様性はみられるが、多様性の意味は仏教と根本的に異なっているのも事実である。

仏教にはこのような特色があるといっても、一方で仏教の底に流れ続ける共通した根本的な要件がなければならないであろう。詳しくは次章で論じるが、ここで簡単に述べておく。仏教は、欲望にとらわれ苦しむ人間から苦悩を脱した究極の理想的人間へ、すなわちブッダとなるまでの人間の在り方を、そしてブッダという普遍化した存在を考究し続けた宗教といえるのである。

苦悩に苛《さいな》まれた人間がその解決の道を神に求めるのではなく、自らが苦悩を直視し、苦悩にとらわれない自由の境地を自らの実践を通して体得する宗教ともいえる。つまり、人間存在を追求し続けた人間本意の宗教なのである。限られた時間と空間にしか存在しえない人間が、今ある世俗性からの脱却をめざし続けた歴史でもある。その意味で、仏教を成立せしめている要件の根本といえば、真理を体得したブッダという人間の究極的存在と、体得した真理そのものであると考えてよいであろう。

†仏教と争い

仏教の歴史的展開にみられる特色は、他に同化する性質を有することであると述べてきたが、ここではそれに関連して、仏教が原因となったり背景となって起こった、いわゆる宗教戦争が仏教の歴史には存在しなかったことを指摘しておきたい。宗教戦争という表現は、狭義では一般的に一六、七世紀のヨーロッパでキリスト教の宗派間で繰り広げられた戦争を指すが、ここでは広く宗教に関連して起こった争いといった意味で用いる。唯一神を特定の信仰対象として立てない仏教は、信仰対象の相違や有無とは無関係であったために、人々の間で宗教上の摩擦や対立という反応が起こらず、その結果、宗教戦争などのような対立が仏教の歴史に生じることはなかった。

たしかに、日本でも仏教に関係する争いごとのあったことも事実である。たとえば、日本に仏教が伝えられた六世紀に仏教の受容を巡って崇仏派と排仏派とで争いが生じたことや、平安時代から戦国時代にかけて寺院において武装した僧兵によるさまざまな争いごとなどがみられたり、戦国時代には本願寺教団を中心とした念仏信仰者たちによって結成された組織が各地で諸大名に対して武力蜂起した一向一揆《いっこういっき》の事例などがみられる。しかし、それらはいずれも政治や、経済、社会に関わる事柄が要因となっており、信仰や教義を原因とする、いわば宗教上の理由による争いではない。過去に多くの争いの経験をもつキリスト教や、現在も果てしない争いの渦の中にあるイスラームなどで起こっている事情とはまったく異質なものなのである。

これとは逆に、仏教が弾圧された事例はある。歴史上いくつもみられる法難や廃仏などがそれである。たとえば、インドではマウリヤ王朝を崩壊させたプシャミトラがバラモン教を優遇して仏教を弾圧した例や、中国では北魏の太武帝《たいぶてい》、北周の武帝《ぶてい》、唐の武宗《ぶそう》らによって、また後周の世宗《せいそう》によって廃仏、破仏がなされた、いわゆる三武一宗《さんぶいっそう》の法難の例や、日本でも明治に入って神道中心の政策によって、いわゆる廃仏毀釈《はいぶつきしやく》の運動が行われたことなどが有名である。他にも、チベットで九世紀のダルマ・ウィドゥムテン王による破仏や、日本での鎌倉時代の法然や日蓮などに対する法難も仏教弾圧の一例であろう。このように、仏教が排斥された歴史は幾つもみられるが、こうした顕著な形で仏教が他を排斥した事例はみられない。排斥や破仏の理由についても、中には為政者の信仰の問題もあろうが、多くは政治的な事情で行われたのであって、仏教という宗教に内在する理由によるものではなかったといってよいであろう。

自国で育んだ宗教と違って、他国から伝わった宗教が入り込んできたならば、二つの宗教の間で摩擦が起こり、一般的には入ってきた宗教に対して排他的行動をとるものである。唯一の神が二つ存在することは許されることではない。絶対神を信仰する人々にとって他の神を認めることは、自らが信じる神を否定することになるからであり、それは同時に自己存在の否定にもなるからである。その結果、対立や摩擦が生じ、排斥へとつながるのである。

しかし、仏教の場合はいずれの歴史的展開の過程でも、そうした現象が起こることはなかった。こうした仏教固有の現象が生じる理由は、絶対唯一の神に対する信仰が仏教にはないということ、つまり絶対神に対する信仰という形態を持たないということである。仏教とは、人間がどのようにして苦悩から解き放たれ精神的自由を獲得でき、この世を安楽に生きることができるのかということ、つまりは人間の生き方を教える宗教だからである。したがって、たとえ信仰の対象が違ったとしても、そのことは問題にはならないのである。

自分たちの神は依然として守られるのである。こうしたことが、仏教が歴史において決定的な摩擦や対立を生まなかった主たる理由なのであろう。

†仏教と風土

仏教のこうした特色は、仏教が成立し展開を遂げた地域における風土との関連からみるのもよいであろう。仏教が伝播したインド、中国、日本、また東南アジアという地域のほとんどが、モンスーン気候に属する地域とほぼ一致している。モンスーンは季節風による風土を形成し、それによってもたらされる適度な温度と雨量により稲作を中心とした農耕が営まれる地域である。それが過剰になれば脅威ともなるが、多くは自然の恵みとして豊かな稲や他の農作物をもたらしてくれる。その風土の中にあって、人々は自然の営みに身を任せるように自然を受け止め、自然に従い生活する。人々にとって自然は対立する対象ではなく、受容し、融合し、共生する関係である。そこには、その風土に似つかわしい人間性と、それに基づいた文化や宗教が育まれる。

人間は時間と空間に限定されて生きる存在であると先述したが、より具体的に表現すれば、その存在はある特定の時代と風土の中において自らが現れ出るということでもある。その意味で、風土という視点から宗教や文化を考察することは意義がある。仏教がこうした風土にある地域を中心に伝播したことと、仏教のもつ宗教的特性とは相互に関係があるものと考えられる。仏教が伝播した地域がすべてモンスーン地域という訳でもなく、北方伝承のようにモンスーン地域とまったく異なった西北インドや中央アジアなどの乾燥地域にも伝わっている。こうした風土の変化は、それぞれの地域にふさわしい新しい価値をもった宗教や文化を形成する契機となりうる。この北方の経路は、大乗仏教が伝播した地域に重なっているが、阿弥陀仏のような偉大なブッダの出現を可能にしたのも、こうした風土と関連しているのかもしれない。もしそうだとすれば、風土の単一性の中で展開した南方仏教が、ゴータマ・ブッダの仏教を維持し続けたことも納得できようというものである。

仏教は、そうした風土と人間を軸とした宗教という特性をもって、他を受容し、融合し、共生する関係をもちながら新たな仏教を生み出していったのであろう。こうした人間と自然との関係が、絶対性を必要とせず、対立ではない共生という宗教を生んだ背景であるともいえるのであろう。

†歴史的展開からみた仏教とは

ここまで歴史的展開を通して、仏教がどのような宗教であるのかを述べてきたが、ここでは改めてそうした仏教の根本的な立場をまとめておきたい。仏教は、何よりも信仰の対象として唯一で絶対的存在の神を立てない宗教ということである。すなわち、いかなる時代、地域に展開しようとも、普遍なる神とその不変なる教えが存続し、神の啓示と救済によって、そしてその神への信仰によって成立する宗教ではないのである。ブッダとは人間が宗教的体験を通して真理を体得した者に対する呼称でありブッダなる存在は苦悩から解き放たれ理想的境地を得た人間をいうのであるから、神を立てる宗教とは根本的に異なるのである。つまり、仏教は全史を通して人間が苦しみから解放され、真の自由を獲得するために自己を確立することを、言い換えれば人格の完成を求め続けたのである。

その仏教を維持し続けた仏教者とは、どのような人たちをいうのであろうか。開祖ゴータマ・ブッダは自己を完成させ、当時のインドの人々に教えを説いたが、その教えに基づいて自己の完成を目指し修行を実践した仏教者たちや、またゴータマ・ブッダの教えを継承しながらも新たに解釈を施し独自に教えを構築した仏教者たちなどが輩出することになる。いずれも、時代の要請に応じて次々と新たな教えを提示していくのである。その後も、同様にして連綿と数々のすぐれた仏教者を輩出してきた。ゴータマ・ブッダの教えは常に原理的な教えとして、後の仏教の歴史的展開において決して変えてはならないものではなかったし、同様にして後に輩出した宗祖などの偉大な仏教者たちの教えも決して原理的な意義をもつものではないのである。

ここで、仏教の歴史を持続せしめたというべきか、歴史を成立せしめたというべきか、そうした偉大な仏教者たちに共通する主要な要件をあげておこう。

（一）人間の理想的境地に至った人物、つまり苦から解放され真の自由を体得した人物である。

（二）生きた時代と地域の人々の要請に呼応しつつ、新しい価値観によって時代を蘇生し、人々に生きる新しい座標軸を示した人物である。

（三）方法や手段に違いはあっても、人々を分け隔てなく導き救済した人物である。

こうした要件を満たした偉大な仏教者たちが、二五〇〇年もの長き仏教の歴史を可能にしてきたのである。

最後に、二五〇〇年の歴史から、仏教とは何であるかを定義しておこう。一般的には、仏教とは「ゴータマ・ブッダ（釈尊）の説いた宗教」や「ブッダを信仰する宗教」などと簡潔に理解される。前田惠學博士は、「仏教とは、釈尊を開祖とし、涅槃ないし悟りと救いを、最高究極の価値ないし目的として、その実現を目ざし、世界の諸地域に展開している文化の総合的な体系である」と、より一層明確に定義している。仏教を「ゴータマ・ブッダの説いた宗教」や「釈尊を開祖」と理解することは、原始仏教や南方の上座部仏教を的確に規定しており、また最初に仏教の教えを世に説き示したという意味においてはその通りであるが、以後に輩出したさまざまなブッダの存在などを考慮に入れなければ、仏教の本質を規定するのに必要な事実を覆い隠してしまうことになる。また、「ブッダを信仰する宗教」という規定は、大乗仏教を含んでのことと理解しても、「信仰」という要素だけで規定すれば、仏教のすべてを言い当てたことにはならないであろう。「世界の諸地域に展開している文化の総合的な体系」という文言も「世界の諸地域に根ざして生まれた文化の総合的な体系」と厳密に規定されるべきである。しかし、スリランカなど南方伝承の仏教については、前田博士の規定で十分に説明がつくであろう。

ここで、原始仏教、部派仏教から大乗仏教へと展開した、いわゆる北方伝承を中心とした仏教を筆者なりに次のように定義づけてみた。

「仏教とは、最初に真理を悟ったゴータマ・ブッダと、それを追体験した仏教者たち、さらには真理が具現化された偉大なブッダたちが、そこに生きる人々にふさわしい苦悩からの脱却と救済を説き、一方でその教えを信じ、その道を歩んだ人々の総体である」と。

第四章

悟りと教え

1　二つの要素

仏教の歴史は、さまざまな要素が複雑に交差しながらきわめて多様に展開したもので、一様に語ることはできない。だからといって、中核となる軸がないわけではなく、一定の主軸を中心に展開した歴史を有している。それは、変わることがない普遍という軸と、変わっていく個別や特殊といわれる軸である。前者は悟りという真理のことであり、後者は真理に基づく教えのことである。では、この視点から仏教を眺めてみよう。

†普遍性と個別性・特殊性

仏教の歴史は、異なった二つの要素で組成された軸を構造としてさまざまに展開している。

その二つとは、変わることのない普遍性と、個別性や特殊性といえる要素のことである。普遍性は仏教の歴史を通じて流れ続いているものであるが、個別性や特殊性は「いま、ここ」という歴史の各局面に即応した仏教を形成する要素といえるものである。

この二つを具体的にいうと、普遍性は苦悩から解き放たれ理想的な人格を確立したブッダと、悟ったことによって体得した真理のことであり、一方の個別性や特殊性はブッダになった人物が説いた修行方法や思想などの教えのことをいう。つまり、仏教の一面は「真理」と真理を体得した者たちの歴史であり、他は真理を体得した者たちがそれぞれの時代と地域で説いた「教え」の歴史でもある。前者は不変であり普遍なるものの歴史であり、後者は不変で普遍なるものから変わるものへと転化した歴史である。この二つの要素が一体となって仏教は今日まで歩み続けてきたのである。

初期経典には、「真理」や「教え」の意味をもつダンマ（dhamma）というもっとも重要な用語が頻繁にみられる。しかし、この二つの意味は、明確に訳し分けられていないのが現状である。まずは、この二つの意味を端的に示している用例を挙げてみよう。最初に、二つのダンマが一つの複合詞に用いられている dhammānudhamma の例をみるが、この前後の dhamma は同じ意味では解読しにくく、それぞれに異なった意味をもつと考えられる。註釈文献でも、前の dhamma は仏教修行者の向かうべき理想的な境地であって、後の dhamma はそのための実践を意味するものと解釈しており、この複合詞は「真理に基づいた教えを〔実践する〕」というように読むのが妥当である。また、dhammasudhammatā という複合詞でも、上の例と同様に前後の dhamma は同じ意味ではない。後のdhammaは「見よ」という動詞と結び付いており、当時の状況から判断して、「見る」対象は「教え」ではなく「境地」を指すであろうから、意味しているものは「真理」と考えられる。当時は、教えは書写されたものではなく口伝によるものであったので、「教え」は「聞く」対象であって「見る」対象ではなかったからである。したがって、この複合詞は「教えのもつみごとな真理性を〈見よ〉」や「教えがよく真理に沿っていることを〈見よ〉」と訳せよう。こうしたダンマ（dhamma）の用例から、悟りの境地を得たことによって観察できる「真理」と、それに基づいて説かれた「教え」とが区別されながら、その関係性が見事に説かれているのを知ることができる。

「教え」は普遍性に基づき、それが顕在化したものといえる。したがって、「教え」が変容するとは、それぞれの時代や地域に相応して形態や表現や意味などを変えることである。仏教の歴史を通して、変わることのない「真理」だけを前提として仏教が存在しているのかといえば、否といわざるをえない。変わる「教え」が一方で必須なのである。「教え」は悟りによって体得された「真理」に基づいて説かれたものであり、「真理」は「教え」によって具現化され人々に伝えられるのである。このような「真理」と「教え」の関係で、仏教は成り立っているのである。

ゴータマ・ブッダが体得した真理は勿論のこと、その教えも不変で普遍なるものと理解されているであろうが、果たしてそうであろうか。歴史を通観してみても、教えは時代と地域に制約され、そこの要請に基づくものであるので、いくつかは新たに生じ、いくつかは意義を失ったり、重要視されなくなったりする場合もありうる。時代や地域が変われば、また環境や社会構造などが異なれば、それぞれに応じた教えが説かれるのは当然である。

第二章でも述べた通り、たとえ開祖が説いたとされる聖教であっても、初期経典にみられたように決してすべてが変わることがなかったわけではない。そのことを端的に示すブッダの教えが初期経典（『マッジマ・ニカーヤ』「アガラドゥーパマ経」）にも説かれている。それは筏《いかだ》の喩《たと》えとして有名な教えである。この岸は危険で恐怖に満ちているが、向こう岸は安全で恐怖もない。そこで筏を組み向こう岸に渡るべきであるが、無事渡り終えても筏は捨て置き、改めて次へと旅立つべきであると説いた教えであるが、これはすぐれた教えであっても筏のようにいつまでも執着しないで、目的が果たされれば捨てるべきものと説かれた内容である。このように教えがいかに正しいものであっても固定化すべきものでなく、さらに求めるべきものであることは、すでに原始仏教の時代に説かれている。

†真理を伝える難しさ

教えは言葉を通して聞き手の人々に伝えられるものであるが、言葉で表現されると、不変で普遍なることが時間と空間に制約された個別性や特殊性のある教えに転化してしまう。こうした転化は、宗教上きわめて大きな問題を生むことになる。つまり、宗教的体験によって得た境地を言葉で伝達することによって真理が世俗化してしまうという問題や、また限られた時間と空間に存在する聞き手に対して表現者は自分の表現内容を選択して伝達するという目的化や限定化の問題が生じるということである。真理がそのまま真理として表現されることは、もとより限界があるといえるし、不可能であるともいえるのである。こうした理由で、教えは真理（法）に基づく限り、教えに真理性が内包されていることは当然であるが、教えはすべて真理と同一ではない、といわざるをえないのである。真理は変わらないが、それに基づいた教え（法）は変わってしまうのである。

こうした事情は、梵天勧請《ぼんてんかんじょう》の伝説から読み取ることができる。この伝説によれば、ゴータマ・ブッダが悟った後に、説法すると真理は理解されなかったり誤解されたりするのではないかと考え説法をためらったが、梵天が真理を理解する人もいると説法を要請したという。ゴータマ・ブッダが説法を逡巡したとされるのも、人々に悟りの境地を伝えることの困難さを自覚していたことを窺わせる。ゴータマ・ブッダは、言葉へと変換すれば、真理を伝え切れるものではないと知っていたからであろう。つまり、この伝説は真理が世俗化することへの葛藤でもあった。

ゴータマ・ブッダの教えについて、後の部派仏教の論師たちが考え出した解釈に了義と未了義という説があることは第一章でも取り上げたが、中でも未了義という捉え方はブッダですら他者に伝えることがいかに困難であったかを示している。了義はゴータマ・ブッダの真意が説かれていて、そのまま理解すべき教えであるのに対して、未了義はブッダの真意が完全に明らかになっていないのか、あるいは奥に隠れてしまっていて、そのままでは理解できない教えという意味である。この未了義は、ゴータマ・ブッダの悟りに基づく教えも正しく伝達されないことがあることを示唆しているのであろう。言葉に変換される困難さを、論師たちも暗に認めていたことになる。

不変で普遍なる真理と、変わる個別性や特殊性を有する教えという二つの視点から仏教を理解すべきと述べてきたが、こうした分類に基づく仏教の捉え方は部派仏教や大乗仏教でもさまざまに行われてきた。とりわけ、中国において天台宗や華厳宗がこうした視点から、前者を「理」と、後者を「事」という語によって表現し、高度な仏教哲学を構築することとなった。

ところで、仏教のこうした二面性は、「仏教」という名称の解釈からも読み取れるのである。仏教という語は「ブッダになる教え」と「ブッダの教え」との二通りに語義解釈されるが、この解釈は上述した仏教の歴史の二つの要素と重なる。つまり、仏教とは悟りを得てブッダになるという、つまり真理の体得をめざすという側面と、一方で真理を得たブッダの教えを信奉し実践し継承していくという、つまり真理に基づいた教えという側面の二つを含んでいるということである。このように、「仏教」という語の二つの解釈も、まさしく仏教の歴史全体に流れる二つの構造と同じように理解できるのかもしれない。

2 悟り

†成仏と悟りの境地

では、仏教において不変性であり普遍性でもあるものとは何であるのか、まずその点から考えてみよう。

仏教で不変性であり普遍性でもあるといわれるものは、悟りを得たブッダがこの世界をあるがままに観察した真理のことであろうから、悟りを体得したブッダという存在と、その悟りによって得られた真理と考えてよいであろう。ゴータマ・ブッダの存在を生身と法身の二身説によって考えれば、生身の場合は肉体を有した歴史的存在であるので変わるもので普遍性があるとはいえないが、その真理性を体現した法身の場合はブッダの不変性と普遍性を示している。このように、ゴータマ・ブッダも人間のブッダと真理のブッダという二面で捉えられた。

悟りの世界はさまざまに表現されるが、代表的なものとしては涅槃や解脱、成道などが挙げられる。涅槃は苦の原因となる煩悩が消滅した境地のことであるから、その煩悩の消滅によって苦しみがなくなった境地のことでもあり、解脱は輪廻を巡りながら苦を受け続ける状態から脱し解き放たれることであるから、輪廻からの解脱も苦しみから解き放たれた境地のことをいい、成道とは悟りが完成され、悟りの道が成就された苦しみのない境地のことである。これらの用語はその原義に相違はあるものの、いずれも苦しみのない境地を意味している。これが仏教がめざす理想の究極的境地であり、不変性とか普遍性と言い表せる境地のことである。

悟りによって開けた世界は、とらわれをいっさい滅したことで、すべてをあるがままに観察できる能力を身につけたブッダが見た真実相である。その真実相を仏教では縁起と表現するのである。縁起とは、ブッダがこの世に出現しようとしまいと永遠に変わることのないあるがままの真理で、この世界のさまざまな現象は条件や原因の結果として起こっていることをいう。簡単にいえば、世界はすべて「縁りて起こっている」ということなのである。初期経典に「法を見る者は縁起を見る。縁起を見る者は法を見る」（『マッジマ・ニカーヤ』「マハーハッティパドーパマ経」など）と説かれるように、仏教の真理（法）とは縁起のことであり、縁起とは真理のことであると端的に明示されている。この世界の真実相は、他にも、すべては一瞬たりとも止まることなく生滅を繰り返しており、またすべての存在に恒常なるものは何一つとしてないという世界であると説かれている。これが無常、無我といわれる真実相である。こうした縁起などの真実相は、後に大乗仏教の偉大な思想家であるナーガールジュナ（龍樹《りゅうじゅ》）が新たに思想を再構築し「空」と表現することになる。

†ブッダ観の変容と「真理化」

このように、ゴータマ・ブッダが悟ったことによって体得した真理は変わることのなく普遍であると解釈してよい。原始仏教以後になると、ブッダ観の変容につれてゴータマ・ブッダに対する不変性・普遍性の色合いは一層強まる。部派仏教では、阿羅漢になれても偉大なブッダになることは不可能と考えられるようになるが、こうした考え方も、一層ゴータマ・ブッダの存在が偉大化され真理化が進んだ結果である。

大乗仏教になると、ゴータマ・ブッダは歴史的存在としてよりも、真理そのものの存在としての法身と解釈される傾向が進み、毘盧遮那仏のような宇宙に遍満する仏が出現することとなる。また、法華経ではゴータマ・ブッダは遥か過去に悟りを得て、それ以来滅することのない久遠本仏と解される。報身としては阿弥陀仏が知られるが、この仏も無限の光と寿命を具えた永遠の存在と説かれている。このように、法身としてのゴータマ・ブッダと、後に出現した阿弥陀仏や毘盧遮那仏は、変わることのない存在として普遍性を有した存在として理解されるようになる。しかし、毘盧遮那仏や阿弥陀仏といえども、常に成立の背景や時代と地域に影響を受け、求められる目的も異なるが故に、いずれの仏も決して同一であるわけではない。だから、ゴータマ・ブッダの説く教えと阿弥陀仏の説く教え、また毘盧遮那仏の説く教えとで、それぞれに相違が生じているのである。

仏教のさまざまな教えは悟りの真理に基づいて説かれたものであり、そこには当然のこと真理性が含まれるが、先述したように言葉に変換され伝達することで世俗性という要素が教えに入り込むことになる。つまり、どの教えにも時代と空間に制約される要素が含まれるということである。仏教の歴史は常に変わらない要素と変わる要素という、この二重構造のうねりによって展開していくのである。では、変わりゆく「教え」について考えてみよう。

3　教え

†教えの変容

教えは時代とともに変容していくことや、同時代であっても多様な状態を呈していることとは、第二章「初期経典の様態」を中心にすでに述べてきた。ゴータマ・ブッダの聖なる教えとされる初期経典ですら多様性や、ときには矛盾を思わせる内容があることをみてきた。そこには対機説法という解釈では理解できないものも数多くみられる。こうした様相は、初期経典以降の展開にあっては源流を見失うほどに多岐に進む。

教えは、伝達される時代や地域の状況と強く結び付いている。衣食住、風習、価値観などはそれぞれの時代と地域に根付き生まれてきたもので、人々はその環境においてよりよい道を求めているのであり、教えはそれに応えるべく説かれる。したがって、教えは常に社会的要請に呼応すべく一定の目的をもって説かれ、そしてその要請がなくなるにつれて多くはその役割を終えるのである。

仏教は、衰退しては常に新たに形を変えて蘇生することで続いてきた宗教である。ゴータマ・ブッダの出現以来、それぞれの宗教的体験に基づいて新たに仏教を起こした仏教者たちや開祖と呼ばれる人々が、どれほど輩出し新たな教えを説いてきたことであろうか。幾多の教判が仏教の蘇生にどれほどの役割を果たしてきたことであろうか。時代を経てその教えが時代に適合しなくなれば、その仏教は次第に衰退していくのである。しかし、また時代と地域が変わることで再び新たに蘇生が起こるという、そうした繰り返しの連続なのである。だから、教えは決してすべてが不変でも普遍でもないといわざるをえない。

しかし、どの時代どの地域に生きようとも、同じ人間である限り人間として変わることのない共通性はある。たとえば、死すること、老いること、病に伏せること、愛するものと別れなければならないことなどは、すべての人間にとって苦と捉えられるであろうし、またその苦しみから逃れることを人々は求めるであろう。そうした教えは変わることなく説かれていくし、それ以外にも数多くの教えは伝えられていくものである。教えのほとんどは変容せず伝承されていくということは十分に承知した上で、あえて変わることと普遍でないこととを強調しているのは、ゴータマ・ブッダの聖なる教えが、変わることなく普遍であると断定してしまえば、仏教の歴史全体を正しく理解できなくなることを指摘しておきたいからである。

ここでは、初期経典に説かれる教えの展開や矛盾などから多様性を論じた第二章とはちがい、それ以降の歴史的展開において変容していく事例をいくつか取り上げ、教えの意味を考える。

†修行法

これより、教えとは変わりゆく性質を有しているものであることを、若干の具体例を取り上げて眺めてみたい。中でも、修行法は悟りへの道を説くもので、悟りと密接に関係があるだけに、さまざまな教えの中でも比較的時代に影響を受けにくいものと考えられる。そのことは、浄土教では念仏の修行によって往生することが悟りの心であるとする立場がみられ、道元のように修行は悟りと別物でないと考えた立場がみられることからもわかる。しかし、そうした立場があろうとも、修行法も決して不変の範疇にとどまるものではないことを仏教の歴史は示している。

初期経典には、修行法は戒《かい》・定《じょう》・慧《え》の三学のように、日常生活での戒の実践と身心の安定のための精神修行である禅定によって煩悩を断つ智慧を得る方法が基本で、具体的には八正道・七覚支・五根・五力・四念処・四正勤・四神足という、いわゆる三十七道品が説かれる。そこでは八正道などのように戒と禅定を組み合わせたものが多く、四念住と七覚支のように禅定中心の修行法もある。

部派仏教になると、説一切有部や正量部《しょうりょうぶ》のように欲望を滅するための戒の実践と四念処や四諦の観察という禅定の実践によって宗教的境地が次第に深まった後、煩悩を断ち切る智慧が生じてからは見道《けんどう》・修道《しゅどう》・無学道《むがくどう》の三道によって段階的に完成するとする修行道が説かれ、ついには苦を起こす煩悩が消滅して阿羅漢果の境地に至るとされる。この境地はブッダと同様の悟りではなくより低いものとされたが、それは当時の仏教修行者が偉大なブッダにはとてもなれないと考えていたからである。これは大乗仏教の根本的立場と大きく異なる点である。

このように原始仏教から部派仏教では、いずれの修行法も自らが戒と禅定を実践して、自らが智慧を得て悟りの境地に入ることを目的としている。つまり、自らの行為によって自らがその果報を受けるという、宗教的実践が自己の中で完結する、いわば自利の修行といえるものである。阿羅漢果を究極の境地とするそうした修行体系は、極めて長い年月を要する難行といわれている。

大乗仏教になると、初期経典に説かれる最も基本的な修行法である三学に対応して六波羅蜜が説かれることになるが、両者は形態的には同類であるものの、内容的には大きく展開している。三学が自己の悟りを目ざすことを目標としているのに対して、六波羅蜜は実践すべき行いとして他者に施すという布施が設定される。これが最初に説かれることからもわかるように、他者に施しやよい行為を振り向けるという他者との関わりを前提とした修行法である。ここには、三学にはなかった利他・救済の教えが核となっている。

たしかに、これは菩薩の宗教的実践であるので、修行の目的は他者の救済であるが、しかし同時に自らもブッダになることを目的とした修行法でもある。六波羅蜜が自利・利他の修行法といわれる所以がここにある。唯識《ゆいしき》学派でも、説一切有部などと類似した修行階梯が説かれているものの、自己の完成は阿羅漢果ではなく、菩薩が目ざすブッダであることに違いが認められる。ただ、こうした修行も部派仏教の修行と同じように難行であることにはちがいない。

大乗仏教では、念仏による宗教的実践も多様に説かれるようになる。中でも、『般舟三昧経《はんじゅざんまいきょう》』のようにブッダを現前に想い禅定する般舟三昧とか念仏三昧といわれる実践法や、『無量寿経』などの浄土経典のように阿弥陀仏を念仏することによって阿弥陀仏の西方浄土に往生できると説くものがみられる。こうした修行は、それまでの厳しい修行形態と大きく異なり、誰もが容易に修行できる方法であり、易行道といわれる新しい修行形態である。この念仏の方法も、中国や日本へ展開する過程で阿弥陀仏の名を称える称名《しょうみょう》（口称）念仏が主流となっていく。また、大乗仏教では、悟りの智慧を得るために宗教的実践を起こすカともいうべき信が重要な位置を占めるようになるが、それは浄土教では浄土に往生する原因の一つとされ、さらに日本の浄土教では親鸞のように自ら起こすものではなく阿弥陀仏から廻向されるものと理解されるようにもなる。

一方、六世紀にインドのダルマ（達磨）がもたらした禅定を修行の中核とする禅宗が、中国でもう一つの大きな流れを形成した。中国の禅宗では、修行法の形態ではなく、修行過程の長短に関する論争もみられた。つまり、悟りに至るのに漸悟《ぜんご》と頓悟《とんご》の二通りがあるということである。漸悟は段階をへて次第に深まり悟りに至るとする立場で、頓悟とは速やかに悟りに至る立場をいう。このように、自力道の修行の中でも正反対ともいえる考え方が生じた。総じて、漸悟は否定されるか程度の低い立場とされ、頓悟こそが評価されるべきと考えられた。

大乗仏教でも密教になると、身《しん》・口《く》・意《い》の三業に基づいて身体で印相《いんぞう》を結び、口で真言を唱え、心で一心にブッダを観想する修行を実践し、その過程でブッダとの一体化をはかり、生きているこの身体のままブッダになるという、いわゆる即身成仏《そくしんじょうぶつ》を体得することを目ざした。これは悟りという理想的境地の現実化というべき考え方でもあった。

このように、修行法は初期経典に説かれたものから多様に変化しながら複雑化し展開していることがよくわかる。ゴータマ・ブッダが説いたであろう修行法からは、とても想像できないほどに形態や内容が変わり、さまざまに展開した。このように、悟りと直結する修行法も常に変容しながら説かれた教えであり、決して不変でも普遍でもないのである。

†無我思想

次に、仏教の根本思想であっても変容していく例として無我思想を取り上げ、その一端を眺めてみたい。

インドで古代のヴェーダ祭儀文化が輪廻業思想へとニヒリズム化して「無常」、「苦」の様相を現してきたころ、ゴータマ・ブッダはウパニシャッドの哲人ともジャイナ教とも異なった立場で、仏教の文化を創造し、新しい時代への根本的な転回点となった。仏教最古の経典『スッタニパータ』の第四章「アッタカヴァッガ」には、ゴータマ・ブッダが無我の真理をさとり、ヴェーダの祭儀文化の根源にある真理を受け継ぎながらも、新しい仏教の根源にある真理が説かれていると、荒牧典俊博士は読み解く。そして、「わたくしのもの」と思考する自我意識こそが、さまざまな対象を所有するのみならず、自己の身体をも、さらには深層の個体存在をも所有しているのであり、そうした自我意識によって個体存在は過去・未来・現在にわたり時間的に存在しているのである。したがって、「わたくしのもの」とする自我意識を放捨することで、深層の欲望、もしくは自我意識が放捨され滅するというのである。つまり、それが無我なのである。

　言い換えれば、ゴータマ・ブッダは、ウパニシャッドに対しては個体存在を創造する宇宙の根本真理という「有」への執着があると、ジャイナ教に対しては身体存在を滅尽させるという「無」への執着があると批判して、いずれにも絶望して、固有な中道の修行を説いた、と荒牧は指摘する。このように、ゴータマ・ブッダが新しい転回軸として無我を提唱することで、仏教が興起したと考えられている。

　では、無我がどのような意味で説かれているのかを、改めて『スッタニパータ』からみてみよう。

　無我の用法は、二つに大別できる。すなわち、対象を我がものと執着する在り方を否定する無我と、自己の存在を実体的に捉えることを否定する無我である。前者は、いかなる対象に対しても、それを所有したいと執着し自分のものとする在り方こそが実は苦しみを生む原因になっていると、その在り方を否定する立場である。

　一方、後者の無我は、自己の存在を実体的に捉え、それに執着する在り方を否定する立場である。しかし、実体的かつ恒常的に捉える自己存在の否定は説かれていても、当時のそうした存在を象徴する輪廻の永続的な我であるアートマンを否定した記述はみられない。つまり、最初期の仏教は過去や未来という時間的な範疇を除外し、あくまで生きている現在に関心を絞って、執着やこだわりの主体となっている自己を実体的に捉えないことで、苦しみからの解放を提唱していると解せるのである。

こうした用法は、言語の視点からみても同様であることがわかる。無我に該当する語は、多くは一人称代名詞の派生語などが用いられており、アートマンに対応するアッタンやその反対語であるアナッタンという語が用いられている例は比較的少ない。その中には、『スッタニパータ』の「見よ、我でないもの（アナッタン）を我（アッタン）と思い込んでいる神々や世間の人々を。名称と形態に執着して、「これこそ真理である」と思っている」（七五六）のように、我（アッタン）とその反対語であるアナッタンとが対比された例もあるが、ここでのアッタンの意味は実体的な我ではなく、またアナッタンの意味も対象を我がものと執着しない無我であることがわかる。ただ、個体の根本真理としてのアートマンを想定させる用例（九一九、一一一九）もみられるが、その場合も「我という存在はない」とか、「我が存在するという誤った見解から出て」というように、仏教外の見解として批判的に用いられている。このように、仏教以前から説かれていた輪廻をめぐる永続的かつ実体的な主体としてのアートマンを前提としてそれを否定する無我の記述はまったくみられない。つまり、ここにはアートマンの反定立としての無我が説かれていないのである。

しかし、次第に無我は実体的かつ恒常的なアートマンの反定立の意味で理解されるようになる。『テーラ・ガーター』（一一六〇、一一六一）には、物質的存在（色）・感覚作用（受）・表象作用（想）・意思作用（行）・意識作用（識）という個体の五つの要素（五蘊）や、この世のすべての形成されたものを我（アッタン）と認識してはいけないと説かれている。人間の存在はこの五蘊によって構成され、そのいずれもが実体でもなく恒常でもないことから、総体としての人間も同様であると説いているのである。ここでの我（アッタン）はアートマンと同じ実体的、恒常的なものとして捉えられ、その上でそうした捉え方を否定した例である。

散文経典にも同様の用例は多数みられるが、その中『サムユッタ・ニカーヤ』「蘊相応」には、五蘊はすべて「私のものではない、私ではない、私の我（アッタン）ではない」と定型的に説かれているが、これも同じ用法である。他にも、五蘊に執着すれば、それはアートマンであるとか、私は死後に存在するであろうとか、恒常で変わることのない性質をもつものといった誤った見解が生じる、と説いている。『マッジマ・ニカーヤ』「マハーハッティパドーパマ経」の最後に「縁起を見る者は法を見る。法を見る者は縁起を見る」として、五蘊は縁って起こったものであると締めくくる。すべての存在は実体でも恒常でもなく、縁って起こっているものと説く、いわゆる縁起思想は仏教の中核であり、それによって仏教思想が構築されている。その点からも、ここでの捉え方は実体的・恒常的なアートマンに対する批判とみてよい。

こうした無我説を表明するに至った展開の背景には、仏教以前から説かれていた実体的かつ恒常的なアートマンの考え方に対し、仏教は自らの姿勢を鮮明にするという目的があったのであろう。また、おそらく輪廻思想が当時の仏教で一般化し、無我思想も輪廻の枠組みの中で考えなければならなくなったからであると想定できよう。こうした展開は、『スッタニパータ』第四章・五章の最古層には輪廻思想に関して肯定的に説示されず、古層になると一気に輪廻を肯定したり、それに基づいた仏教思想が説かれるという展開と連動しているのではないかということを窺わせる。こうして、仏教は、過去、現在、未来にわたり永続する実体的な輪廻の主体としてのアートマンの対立軸として無我をどう位置づければよいかという対応に迫られたのであろう。しかし、こうした対応は新たな難題を仏教にもたらすことになる。つまり、輪廻を受け入れたことによって永続する輪廻の主体と、他方で無我を主張してきたことによって生じる両者の矛盾を理論的に解消する必要に迫られることになるからである。

部派仏教になると、各部派はその解決のために試行錯誤を重ねたのであろう。輪廻の主体について、犢子部《とくしぶ》や正量部のようにアートマンではないが実体的な我として存続するプトガラを唱えたり、心作用の意識をもって輪廻の主体と考える部派なども存在し、それ以後も実体性を否定しつつ業をもって輪廻の主体を考えるなどさまざまな見解がみられた。二律背反ともいうべきこの問題に悪戦苦闘の歴史を続けることになる。

一方、大乗仏教では中観学派《ちゅうがんがくは》のように、すべての存在するものそれ自体に本性はないとする無自性が説かれ、無我思想は実体性を徹底的に否定した、いっさい執着のない、いわゆる空思想として大きく花開くことになる。

このように、仏教は興起時代から無我の意味に多少の変化はみられるものの、常にアートマンのような実体的・恒常的な我の存在を否定してきた歴史を有する。しかし、大乗仏教の中期経典になるとその様相は大きく変化する。

『如来蔵経《にょらいぞうきょう》』では、一切の衆生は常住にして不変である如来を蔵していると説かれる。『勝鬘経《しょうまんぎょう》』では、その如来蔵は煩悩に覆われて顕現していないが、常住にして不変なる法身であり、本来的に自性清浄ですべての基にあるものであると説かれる。『大乗涅槃経《だいじょうねはんぎょう》』には、「一切の衆生は悉く仏性《ぶっしょう》がある」と如来蔵に代わって仏性という語が使われるが、意味はほぼ同じである。つまり、生命あるものは、すべて仏となる性質を本来的に具有しているという考え方である。

こうした考え方は、ある意味、それまでの仏教が説き続けてきた無常・苦・無我という立場から常・楽・我へと発想を変換したことになる。こうした発想は、無我とは正反対のアートマンにも類似した考え方であるといえよう。如来蔵・仏性の考え方は、中国や東アジア、日本に伝わると、次第に本来的に具有している性質や可能性といった概念から実体性を有した原理ともいうべき内容へと展開することになる。

しかし、無我説が説かれた思想上の要請や背景と、如来蔵・仏性が説かれた思想上の要請や背景とは同じではないから、こうした展開を安易に比較することはできない。如来蔵・仏性の思想は、誰もがブッダになれると説いた大乗仏教の根本的立場を理論的に保証した究極の思想であると共に、ゴータマ・ブッダの平等思想を徹底的に具現化した一つの結果ともいえよう。

以上、仏教思想の旗印であった無我思想でさえ、歴史的展開の過程で一定の目的をもつことによって変容し、ときとして正反対と思わせる立場すら許容する事例をここに紹介したが、これはあくまでそうした一例に過ぎないことを断っておきたい。仏教は、こうした変容の歴史を有しているところに特色がある宗教なのである。

†女性観

女性観にも大きな変遷がみられる。女性観の変遷を通して、仏教の教えが時代性や地域性に影響を受けて変容するさまを概観してみよう。

仏教以前や同時代のインドは、一般的に女性蔑視の社会といわれている。ヒンドゥー教の古代法典で当時のインド社会を知ることができる『マヌ法典』には、女性は「男を堕落させ」（二―二一三）、「独立してもいけないし、何事も単独で行えず」（五―一四七、一四八）、「愛欲、怒り、妬み、敵意、悪行などが配分され」た存在であり（九―一七）、「聖句（マントラ）を伴う祭式儀礼は行えない」（九―一八）者と規定されている。古代インドの大叙事詩『マハーバーラタ』などでも、精神的にも身体的にも侮辱的な表現が列挙され、本質的に邪悪で不浄な存在として描かれている。他にも、子孫の永続を願い、宗教的義務を永続させるため、女性に現世で男子を生む責任を課すなど、女性を軽視し男性の補助的な存在とみなしていた。

こうした時代に興起した仏教は、当然この時代の女性観に左右されることになる。初期経典にも女性蔑視ともとれる内容がさまざまに説かれ、インド一般の伝統的な女性観が認められる。しかし、第二章で既述した初期経典にみられる多様性や矛盾のありさまはこの女性観にも認められ、男女平等とも解釈できる教えも説かれている。

生まれによる差別や身分制度を否定し平等を唱えた仏教は、女性に対してはどのようであったのであろうか。古い経典の一つ『サムユッタ・ニカーヤ』第一章（一―五―六）に、女であれ男であれ、この車に乗って涅槃の目前にいるという、男女に差別なく高い宗教的境地にいたれる記述がみられる。さらに、女性出家者の宗教的境地が具体的にどのようなものであったかを知るには、彼女たちの過去の個人的体験や出家後の宗教的経験の告白をまとめた経典『テーリー・ガーター』をみるとよいであろう。その用例を挙げてみると、煩悩の消滅に関しては「無明の塊を砕いた」(一八〇、二三五など)、「煩悩を捨てた」(二八、四〇一など)、「妄執を滅した境地を体得した」(四一、一五八)などが、輪廻から解脱した例としては「生まれを繰り返す迷いの生存は滅した」(四七、一六〇)、「生死から脱した」(一一)、「生まれを繰り返す輪廻を捨てた」(一六八)、「最後の身体を保っている」(七、一〇)、「迷いの生存を断ち、いっさいの束縛を離れ心の寂静にいたった」(九一)などが、涅槃の境地にいたったという例としては「清涼となって涅槃した」(六六、一〇一など)、「現に涅槃して真理の鏡をみた」(二二二)、「最上の寂静にいたった」(二一二)、「真実に通達し、汚れのない真理の教え、不死の境地を体得した」(一四九)、「矢が抜かれ、妄執がなくなり、完全な涅槃に入った」(五三、一三二)、「第三の段階(不還果)にいたった」(一五五)などが、そしてブッダの宗教的特性とされる三明については「三種の明知(宿命明・天眼明・漏尽明)を現に悟った」(三〇、四三三など)や「六神通を現に悟った」(二二八、五一六など)などが、その他にもブッダなどすぐれた仏教修行者に表現される「真の沐浴者」(二九〇)などの用例がみられる。

『テーリー・ガーター』に説かれる女性の出家者が体得した宗教的境地は、男性出家者の宗教的経験の告白を主としてまとめた経典『テーラ・ガーター』の用例と何も変わらない。しかし、このことから出家者であればすべて男女に差別はなかったという結論を導き出せるかといえば、否である。なぜなら、当時の社会で厳しい差別や蔑視の中に女性がいたことは『テーリー・ガーター』にみられる告白から窺い知ることができるからである。あくまで、平等は宗教上の境地の体得という点に限られていた。初期経典の中でも比較的古い『テーリー・ガーター』には当時の仏教が唱えた、宗教上の男女の平等観が垣間みえているだけなのかもしれない。

　では、こうした女性観が説かれる背景はどこにあるのであろうか。そのためには最初期の仏教の平等観を知る必要がある。最古の経典『スッタニパータ』（一三七—九）に、チャンダーラという最下位の身分にある者でも塵《ちり》のない大道を進み、欲への貪《むさぼ》りを離れて、ブラフマ神の世界に達したと、それまでの考え方とまったく異なった宗教上の平等ともいうべき立場が表明されている。つまり、最初期の仏教では修行という行為の積み重ねによって、誰にでも等しく解脱などの宗教上の可能性が開かれていたことがわかる。こうした平等観が最初期の仏教にあって、それが女性観にも敷衍し『テーリー・ガーター』に表出しているものと考えられる。当時は未だ教団維持のための現実的な制約は少なく、純粋に自らの考えを主張することができた状況であったため、そのような立場の表明を許容したのかもしれない。とはいうものの、女性が男性と宗教的に同権ということを表立って唱えられたわけでないことも確認しておかなければならない。

しかし、初期経典でも散文経典には、女性は阿羅漢や転輪聖王やサッカ（帝釈天《たいしゃくてん》）などになる道理も機会もないと、男性との違いが明確に説かれ（『マッジマ・ニカーヤ』「バフダートゥカ経」）ていたり、また女性であった者が仏・法・僧を信じ、戒を実践して女性の状態を捨て男性の状態になり、死後天界に生まれ変わり、三十三天に住み、その神々の主の息子の状態になっているという説示（『ディーガ・ニカーヤ』「サッカパンハ経（帝釈所問経）」）がみられるが、これは後に大乗仏教で明確化する「変成男子《へんじようなんし》」という考え方の萌芽ともいうべき記述であり、女性の差別を明示しているものといえよう。

原始仏教や部派仏教時代の教団事情を反映しているといわれる律典は、打って変わって女性蔑視とも思われる差別的な記述で満たされている。その代表的な制度の一つが八《はち》敬法《きようほう》で、女性が出家するときに条件として出された規則といわれる。その内容は律典によって多少の相違はあるが、主なものを紹介すると、女性の出家者は出家後一〇〇年でも男性出家者に礼拝しなければならないこと、男性出家者を非難したり罪を論じないこと、話しかけないこと、彼らなしに一定期間、修行のための集団生活を行なわないことなどである。

この他にも、出家者が守るべき具足戒《ぐそくかい》の数に男女で相違がみられる。部派によっても異なるが、男性が二五〇戒ほどでいいのに対して、女性はほぼ三五〇戒を守らなければならないのである。つまり、女性には数の上でも男性よりも厳しい規則が設けられているということである。仏教教団の規則という宗教上の範疇にあっても差別が存在したことになる。律といえども規則は生活上の問題であることから、ある意味、当時の社会を反映しているといえ、こういった差別的規則は十分にありえたと考えられる。ただ、こうした立場は宗教的境地を体得する可能性が平等であったことを暗に伝える『テーリー・ガーター』とは大きく異なっている。

大乗仏教になると、差別的な社会状況を受け入れつつも、他方では女性も救われる方法が摸索されるなど女性観は大きく変わることになる。『法華経』には、女性は梵天王・帝釈天・魔王・転輪聖王・仏にはなれないという、すでにインドにみられた「五障説」が説かれるが、その一方で差別された女性でも成仏できる、いわゆる女人成仏説が説かれている。

しかし、これは女性のままでの成仏を意味しているのではなく、「女性器が消え男性器が現れる」という文字通りの「変成男子」として説かれる。つまり、女性は五障があるから、仏になるには男性に変わってからしかなれないということである。ブッダの身体的特徴の一つに陰蔵相があるということも、こうした捉え方の根拠となったのであろう。にもかかわらず、女性の成仏を説いたのは、大乗仏教がすべてのものはブッダになれると説いたところに理由があったのであろう。浄土経典の『無量寿経』は浄土に女性はいないとするが、これまた変成男子によって浄土への女人往生を説いている。どちらの経典も、当時のインドの差別を前提とした上で大乗仏教の思想的立場から女性を救済しようとした苦肉の策というべき考え方である。

日本では、仏教が伝来した当初は男女の僧侶に差別はなかったといわれているが、次第に大乗仏教の変成男子に基づいた女人成仏説が定着し、さらには不浄や穢れなどの差別的要素が前面に出て女性は蔑視されるようになる。

このように、仏教において女性が女性として悟りの境地を体得できたのは、比較的最初期の仏教であり、それも少しの痕跡から知る程度である。それは、ゴータマ・ブッダの教えを反映したものであるのか判断しかねるが、少なくとも当時の社会状況とはまったく異なった方向性を部分的であっても示してはいる。しかし、そうした事例も女性が男性と変わらず悟れる存在であったという明確な証拠とはならない。

大乗仏教の女性観は、社会の体制を肯定した上で、ゴータマ・ブッダが唱えた平等観を宗教上に表現しようとした事例であろう。いずれにしても、女性観も時代とともに、ときに地域性を反映しながら教えが変容したことを示してくれる。しかし反面、残念なことではあるが、こうした女性観は仏教といえども当時の社会や文化に翻弄され、その体制を変革する力にはなりえず、ある意味、社会に制約され屈服した事例と捉えることができよう。

†死生観

「生まれ死ぬ」ことは、人間のみならず生きとし生けるものにとって必然であり普遍である。他の宗教もそうであるように、仏教も当初からこの生死をもっとも重要なテーマとして説いてきた。インドの仏教では、生まれと死以外にも老いと病を含めて、それら四苦をすべての人間の根源的な生存苦と捉えてきた。ここでは、人間にとって変わることなく共通している問題といえる死生観を取り上げ、それが仏教の展開過程で変わることなく同じ理解をもって説かれてきたものなのかどうかを考えてみたい。

苦の中でも老いと病はどこにおいても変わらず苦と捉えられているが、生まれと死もそれと同様に捉えてもよいものであろうか。生まれに関していえば、日本や中国などでは誕生を喜びとし、決して苦と捉えることはない。しかし、インドでは生まれは苦であると疑いもなく認識されていたのである。一方、死が苦であるという捉え方は人間すべてに共通したものであろうが、実はその意味合いは少し違っているようである。

古代のインド人は、いま体験している苛酷ともいえる風土や貧困、差別などから生じる苦を死後に再生し輪廻して何度も受け続けると信じている。死は終わりではなく、苦の始まりでもあった。死は、まさに苦難が待ち受けている世界の入り口へと繋がる出口である。輪廻を果てしなく繰り返し、死んでは再生する新しい生命は、人間として生まれた今よりもさらに苦に苛まれる存在として生まれる可能性が大きいことを、誰もが想定せざるをえない状況に置かれていた。こうした永遠に続く負のスパイラルともいうべき世界に埋没した当時のインド人にとっての死は、苦の連続する果てしない深みに至る門であった。死が苦であるというように、また生まれも苦であると考えるのは、輪廻転生の立場からすれば当然の論理的帰結である。

これと日本の死の捉え方とを比較してみると、捉え方の差異は歴然としている。我々日本人の多くが受け止めている死は、今生きている存在から死によって非存在となる不安や畏怖心、恐怖心から起こる苦、つまり有からすべてが無となることに対して生じる苦なのである。そして、その死は繰り返されることはない。死ねば、三途《さんず》の川を渡ってあの世にいき、そこに留まり、残された遺族は墓を死者のこの世における居場所として、またこの世とあの世との行き帰りの場として祀り、盆や彼岸になれば、死者が戻ってくると信じて墓参したり、迎え火や送り火、精霊流しなどの仏事を行い、祖霊を供養する。死後にあの世に赴いてもこの世に何度も戻ってくる場としての墓があることは、生き死にを繰り返さないという考え方であることを示している。インドのヒンドゥー教徒に墓がないのは、輪廻してすぐに再生し新たな生命体へと生まれ変わりを永遠に繰り返すからである。ある一つの生涯は無数の生涯の一局面に過ぎず、そこだけにこだわる必要はない。

このように、死後の世界に関してはインドと日本とはまったく異なるのである。日本に伝えられた仏典には、インドからの六道輪廻の世界が説かれ、我々もそこに身を置く存在かのように思えるが、実際のところ日本人には輪廻に基づく死生観は根付いていないのである。

インドと日本とでは生まれや死が苦であるとする捉え方が異なっており、一様に理解されるべきものではない。風土や社会環境や世界観、人生観などの違いによって、死生観に相違があるのも当然である。同じ仏教国だからといって、ゴータマ・ブッダの生きたインドの輪廻に基づいた死生観を当て嵌《は》めようとしても、所詮は無理があろうというものである。ゴータマ・ブッダが説いた、当時の人々にとってはふさわしいすぐれた教えも、今の日本人にはそのままでは通じない。つまり、初期経典に説かれる死生観を直接適用しようとするのではなく、今に生きる我々にとってもっともふさわしい死生観が新たに現代日本社会において考えられるべきなのである。

死生観という人間に共通する普遍的テーマすら、実は伝播した時代や民族性などによって相違することになる。況《いわ》んや個別性の強い、即物的な内容を有する教えが展開しながら次第に変容していくのは当然のことである。逆にいえば、仏教のある教えが固定されることになれば、そのことによって仏教は、ある意味、アイデンティティーを失うことになるのである。

†ゴータマ・ブッダの教えは変わることなく普遍たりえるか

ゴータマ・ブッダが残した教えがさまざまに変容していくさまを概観してきた。教えは、実際には初期経典でも思想的に展開したり、ときに矛盾もみられるなど多様性があり、また大乗仏教でも大きな変容を遂げている。教えが時代の経過とともに展開したことを、より完全なものへと進展したと仮定すれば、ゴータマ・ブッダの教えは不完全であると認めてしまうことになる。いうまでもなく、ゴータマ・ブッダの体得した真理は普遍にして完全なものであるのに、どうしてそのようなことになるのか疑問が残る。こうした疑問も、仏教は伝播した時代や地域で説かれた教えはいずれも等価値であって、優劣をもって推し量るものではないと理解すれば、問題はない。

しかし実際のところ、教えは悟りに基づくものであるのに不完全であるというのも、ある意味、事実である。その理由は、すでに述べたようにゴータマ・ブッダが真理を教えとして正しく伝えなかったからなのではなく、人々へと伝える説示自体に問題があったのではないかと考えられ、その意味でゴータマ・ブッダの教えも完全にして不変なものではないと認めざるをえないのである。ただ、ゴータマ・ブッダの金口《こんく》直説《じきせつ》の教えが何であるのか具体的に特定できないので、その点については推察する以外に手立てのないことを断っておかなければならない。

このように、実は開祖ゴータマ・ブッダの教えであっても変わることなく普遍なものとは言い切れないということである。したがって、ゴータマ・ブッダの教えのすべてが現代に至るまで変わらず適応するとは考えにくい。たしかに、老苦や病苦のような教えには普遍性があり、他にも現在の我々にも訴えかける数多くの教えがあるのも事実である。しかし、一方で通用しなくなったものもある。

ここで、こうした変容が生じる原因を少しまとめてみよう。先にも少し触れたが、伝達や表現の側面から述べてみる。人々に教えを説き伝えるために言葉で表現されると、ゴータマ・ブッダが語った教えは悟った真理が特定の時間と空間において一定の目的をもって個別性や特殊性のある教えに転化してしまう。つまり、変わってしまうものへと変質するのである。いわゆる梵天勧請の伝説は、ゴータマ・ブッダが悟りの世界と世俗の世界との隔たりを自覚して、説法によって世俗化し真理が正しく伝わらないことに悩んだ証であるともいえる。教えは普遍をすべて言い尽くせないということの証ともなる。伝達や表現のために言葉へと変換することそれ自体が、真理を伝え切れないのである。

この伝達や表現の問題以外にも、こうした変質が生じる背景がある。たとえば、ゴータマ・ブッダは自らの立場で一方的に教えを説くのではなく、人々の状況や立場や能力を重視してそれに即して教えを説くので、教えはときとして真理から遠ざかる場合もあったと考えられる。ゴータマ・ブッダのこうした説法方法は聞き手の個々の能力に対応した対機説法といわれるが、その方法で説法したが故に、伝達や表現にも一層多様性が生じたと推察できる。初期経典をよく読めば、そこには現実的かつ日常的な内容が描かれていることに気づく。聖教といわれる初期経典にも、いかに世俗の世界に即した教えが説かれていたかがよくわかる。

つぎに、社会的・時代的な制約を受けているという側面から考えてみよう。社会状況を前提として仏教の教えが説かれている例を挙げてみよう。ゴータマ・ブッダが生きていた当時の社会は、ヴァルナ・ジャーティ制度による徹底した身分差別にあって、人々はその差別に苦しみ、また苛酷で苦しい生存を果てしなく受け続け、その原因が過去世における自らの行為にあるとする輪廻業報の世界観の中に身を置いていた。他にも、苛酷な自然環境や貧困など、現代では想像もつかない状況に置かれていたことは疑いもない。こうした当時のインドの状況がゴータマ・ブッダの教えに反映していないことなど決してないであろう。この状況こそが、ゴータマ・ブッダの教えに一定の制約を与えているのである。

ここで、そうした制約をわかりやすく説明するために、あえて極端と思える例を一つ挙げることにしよう。仏教が起こった頃、初期経典には「因（原因）」と「果（結果）」の関係、あるいは補助的作用をもって結果を生じさせる間接的条件ともいう「縁」の作用によって、この世のすべての現象は起こると説かれていた。人間をはじめ、すべての存在およびすべての現象は、この因・果・縁によって生じると考えられていた。これは極めて素朴にして日常的な生活環境の中で考えられていた法則であったであろう。善いことを行ったら楽を得るし、悪いことを行えば苦悩がおとずれるし、遠ければ時間がかかるし、近ければ早く着くといった、善悪と苦楽や距離と時間などが比例的な関係によって成り立っていた。そのように、こうした因果律は人間社会のみならず、すべての生態系の中での法則であった。こういう状況下でゴータマ・ブッダの教えは説かれたのである。

しかし、それを現代社会に当て嵌めてみても、なかなかうまくは適合しないであろう。むしろ、現代社会においてはそうした因果律を無視するかのように、反比例が成立してしまうような逆転した状況が日常的に起こっており、また間接的条件である「縁」の作用が遥かに大きな影響力をもって結果を生むという現象もみられる。たとえば、偶然に乗った飛行機が墜落したり、自動車が故障して事故を起こし死傷してしまうことなど、自分が行なった原因とは無関係な結果が生じる場合がそうである。こうした事例は枚挙にいとまがない。

ゴータマ・ブッダが生きた時代は、予期せぬ事態に遭遇したとき、多くは前世などにその論理的帰結を求めた。つまり、遭遇した人の過去世の行いに、その原因を探ったのである。しかし、現代日本にはこうした輪廻業報説で原因を探ることはまずないといってよい。この輪廻業報思想の例をみても、教えが当時のインドの時代や社会に制約されていることがわかる。開祖ゴータマ・ブッダの教えであっても、仏教の基本的な思想であっても、現代の状況に十分適応していないところも見受けられるが、それも必然というものであろう。現代に仏教が活きることとは、現代に適応する教えが説かれているのか、そのように解釈がなされているのかということを意味しているのである。

残念ながら、仏教の立場から誰もがわかるように現代社会で起こる諸現象に即応した説明は十分にできていない。ゴータマ・ブッダが伝えたかった真意を、それぞれの時代にふさわしい教えへと蘇生させるのが仏教者の使命である。事例は何も因果律や業報思想に限ったことではない。教えの前提となる社会状況が推移すれば、それに従って教えも変わっていくというか、変わらざるをえなくなっていくはずである。仏教の教えは、すべてどの時代や地域にも通用すると考えるべきではないのである。

ゴータマ・ブッダその人を考えるとき、誤解を恐れずに極端な表現をすれば、彼の存在は仏教の開祖であるにしても、その存在すら仏教の歴史の一局面と理解すべきではないかということである。その視座こそ、仏教という宗教の在り方を正しく把握することになるのではないかと思われる。ともすれば、開祖への深い信仰が介在することで、彼を原理的な存在者としてしまい、ゴータマ・ブッダその人の姿を極端に偉大化することになれば、真実の姿を見失うことになる。そうした姿勢は、結果として仏教の本質を覆い隠しかねない。すでに述べたように、ゴータマ・ブッダの教えすら時代を経て次第に失われていき、新たな教えも生まれては時代の推移とともに衰退するという繰返しで、教えは決して変わることなく普遍なものではないことを仏教の歴史は端的に物語っている。

では、ゴータマ・ブッダの教えが真理に基づいたものであっても、それ自体変わりゆくものであるなら、どうしてゴータマ・ブッダの教えは一定して異なった地域へと継承されていくことが可能であったのであろうか。それは、ゴータマ・ブッダが真理を体得したのと同様の境地を追体験した多くの仏教者たちが、宗教体験に基づいてゴータマ・ブッダの教えを継承しつつ、それぞれの時代と地域にふさわしい教えを説き続けたからである。悟りの体現者が出現し続けることによって、仏教は今日まで長く歩み続けることができたのである。しかし、それぞれに輩出した偉大な仏教者たちの教えはそれぞれの立場で説かれ、ゴータマ・ブッダのそれとは全同ではない。歩みの出発点となったゴータマ・ブッダの教えは、このようにして変容しながらも継承されていったのである。

ゴータマ・ブッダが体得した真理とゴータマ・ブッダの教えを分けて考える視点は、仏教とは何かを考える上で極めて重要であろう。

終章

日本仏教の今

常に時代性と地域性に即して多様に変容してきた仏教の歴史を概観したが、その仏教観を通して、ここでは少し現代日本に焦点を当て今の仏教の意義について触れておきたい。

†日本仏教の置かれた立場

インドに起こった仏教は多くの国々に伝播したが、伝来して以降二三〇〇年ものあいだ続いてきたのは、一国単位でいえばスリランカぐらいである。スリランカでこれほど長く保持されているのは、おそらく国家宗教や仏教王権の性格を保ち続けてきたからであろう。東南アジア諸国でも同じように伝統的な上座仏教王権に基づいた国家形成という理由で今日まで存続しているが、いずれの国も伝来して一〇〇〇年も経っていない。こうした国々とは別に、仏教はインドで興起しておよそ一五〇〇年で滅し、中国に伝来しておよそ一五〇〇年経った明の時代ごろにはほぼ弱体化し、チベットではまだ一五〇〇年も経っていないものの、政情不安によってこれから先の見通しも立っていないのが実情である。日本では伝来しておよそ一五〇〇年がちょうど経過しようとしている。

国単位でみると、仏教の歴史的展開はさまざまであるが、北方伝承の国々に根づき機能してきた期間は偶然の一致なのか、ほぼ一五〇〇年間が一つの節目となっていることに気づく。この一五〇〇年間がどういう意味をもっているのかを、日本を例に取ってみよう。

それはインドで仏教が起こってから日本の平安時代末期から鎌倉時代に入った頃までの期間に当たるが、三時の時代区分でいうと、ちょうどその頃は正法・像法が終わって、まさに末法の到来を自覚するまでの期間に相当している。三時は比喩的な時代区分ではあるが、仏教の衰退までの実際の期間と末法の到来の期間とが一致していることは興味深い。

日本に仏教が伝来してから現代までの期間が、末法の到来までの年数と同じである。これは、偶然の一致であろうが、現代の日本に危惧すべき状況がおとずれているのではないかと危機感を抱かせる。また、仏教はインドから多くの国々に伝播し、そこで栄えては次第に衰退期を迎えるという変遷を辿りながら、さらに異なった国々へと伝播することで今日まで存続してきた。北方伝承では日本はまさに地理上の最果ての国であり、もう日本から次に伝播する地域は見当たらない。こうした地理的な状況を眺めると、この日本で仏教の蘇生が今みられなければ、仏教の行く末はもうないと示唆しているかのようである。

このように時代的にも地理的にも終末を思わせる状況は、今まさに置かれている日本仏教を象徴しているかのようである。しかし、この悲観的な状況が、仏教からすべての可能性を奪い取るという認識は正しくない。仏教の歴史は、みればわかるように常に興起→発展→衰退という展開の連続であって、衰退を迎えると、新たな価値をもった仏教が出現して発展していったことは一々具体例を挙げるまでもない。その際に契機となったのは、理想的自己を実現する方法や、苦悩からの脱却の方法、人間救済の方法などであり、それらによって苦悩する人々に生きるべき道が開示されてきたのである。

今も、現代に適った仏教の蘇生は要請されているはずであり、現在に生きるべき道を人々に示す新たな仏教が出現しなければならない。我々は第二の法然・親鸞・道元・日蓮のような、真理を体現した偉大な仏教者の出現とその導きをまつべきなのか、あるいは新たな仏教を仏教界全体が協力して再構築するべきなのであろうか。こうした歴史認識があればこそ、「現代」に、そしてこの「日本」においてもっともふさわしい仏教とは何かを問うことができるし、それによって仏教が真に生き続ける道を摸索することもできる。

キリスト教やイスラームのように、時代を通し地域を超えて新約聖書やクルアーンを中心とした聖典だけで、神の教えが全世界にほぼ共通して伝えられる宗教とは大きく異なる。「現代」と、この「日本」における固有性を最大に活かした仏教が出現することこそ、ある意味、仏教たりうるのである。今に生きる仏教を問い続けなければ、今ある仏教は仏教といえないのである。形だけが残り、過去の歴史を大切な遺産としているだけのような仏教ならば、「仏教は死んだ」といわなければならない。今、この現状を黙認して何も行動を起こさなければ、仏教の未来は暗いといわざるをえないし、間違いなく衰退か滅亡への道を見守ることになるであろう。

繰り返し述べてきたように、仏教の歴史は開祖ゴータマ・ブッダの教えすべてを絶対的なものとして、変わることなく今日まで伝えてきたわけではない。むしろ、それぞれの時代と地域に生きる人々の要請に応えるべく、その時代に生きた仏教者が宗教体験を通して教えを創出し、変貌を遂げながら常に新たな仏教を開花させてきた。その連続面が仏教の歴史といってよいであろう。ときに偉大な仏教者の出現によって、ときに大乗仏教が興起したときのような大きな集団のうねりによって、そうした変貌を可能にしてきた。まさに、多様性に富んだ歴史である。しかし、単に多種多様な状態をもって多様性というのではない。その多様性を充足するには、ある状況や条件が備わっていなければならない。それは固有の風土、文化、社会の中から生まれ育まれているということ、そして宗教として人々に生きる道を示す力が横溢《おういつ》している状況にあるということが、この多様性の条件となろう。

たとえば、過去の遺産を単に守っているだけのような停滞している現代仏教の宗教活動などは、ここでいう多様性を呈しているとはとてもいい難いであろう。また、こうした現状を打破するために、グローバル化社会に照らして提言される日本仏教と南方上座仏教との融和といった発想や日本仏教の上座仏教への回帰といった発想もみられるが、こうした提起もこの多様性の条件に適合するかは疑問である。

現代というこの時代、日本というこの地域に生きる我々の要請とは一体何であり、それにふさわしい教えとは一体何であろうかということが、今の仏教にまず求められる姿勢である。そのためには、混沌としたこの社会からの切実な声を虚心に聞き、要請されているものが何であるかをしっかりと直視することが現代に生きる仏教者の義務であり、仏教者であることの証明ともなる。病める現代社会を凝視し、その解決のために積極的に関与することが仏教に求められるのである。そのことに無関心を装うならば、そこにはもはや現代に生きる仏教は存在していないことを意味する。

何も見えない混沌とした時代に新しい座標軸を構築した、いわゆる鎌倉新仏教の出現からすでに七、八〇〇年以上もの時が経過した。残念ながら、それ以後これほどの長い間、人々にふさわしい新たな教えが説かれなかった歴史は仏教において稀であるといえる。仏教の本質ともいうべきこうした宗教活動と教えの創出が、現代においても実現されていなければならないはずである。そこにこそ、他の宗教にはない仏教ならではの意義がある。

†日本仏教の問題点

現在の日本仏教を考えるには、危機的状況にあるという視点と、今と日本の現状にふさわしい仏教は何であるのかという視点が不可欠となろう。そこで、この二つの視点から現代の仏教と仏教の未来を考えてみたい。

このテーマは、決して仏教界の延命策を論じることを意味していない。実際、仏教界の動向をみても無策といってよいほどに停滞しており、出されてもほとんどの案が延命策か、それに準じた内容で甘んじているようにしか思えない。いくら取り組む姿勢を示していても、既存の体制への身を削る自己批判と、現状を直視する真剣な対応がなければ、そうした策は何も産まないし、仏教の現在も未来も問うことにはならない。未来を問うということは、今を直視し、今の状況を批判的に問うことに他ならない。今を直視し今を問うことは、仏教界という特定の世界に立って内向きに眺めることではなく、日本社会全体に横たわる人々の苦悩と切実な声に耳を傾け、直視し、それを実感することを意味する。

つまり逆説的な言い方ではあるが、仏教界が活性化するためには、既存の仏教の立場を一旦離れた視座が必要であるということである。仏教界に求められる姿勢は、まず仏教の既存の価値観を離れて現実の社会全体を虚心に直視し、人々の苦悩にどう向き合うべきかという使命感をもつことである。人々の要請に仏教界はどう呼応するのか、そこに現代仏教のあるべき姿勢が問われているし、それによっては未来への展望にも繫がるのである。

ここで少し日本仏教の歴史を振り返って、今の仏教を考えてみよう。すでに室町時代には僧侶と門徒組織による民衆と僧侶との結びつきがあり、葬送や祈禱などの宗教儀礼を中心に両者の関係がみられたが、江戸時代に入るとすぐにキリスタンの禁制を契機として、宗門改めの施行や寺請証文の発行などに伴って檀家《だんか》制度が成立し、また寺院法度によって寺院や僧侶への義務が制定され、いわゆる今日でいう葬式仏教なども確立するようになった。現代仏教の源流ともいえる仏教の社会的役割が、ここにおいて固定化されるようになった。その後、明治に入り神仏分離令発布や寺請制度、宗門人別改帳の廃止などがあったものの、そうした体制はほぼ現代まで継承されている。

たしかに、こうした過程で檀家など信者や寺院の増加、宗派仏教の進展などがみられ、その側面からいえば、仏教は盛んになったともいえる。しかし、そのほとんどは江戸幕府の政策に端を発する制度であって、檀家となった人々も自らの信仰と直接に関係づけられたわけではなかった。今日の仏教は、あたかも仏教界の主導で成立し、今日まで保持されてきているかのように理解されている。しかし、このように仏教界が自発的かつ主体的に実施しなかった制度改革であったために、仏教界はその根本的な問題を負の遺産として孕み続けることになった。

したがって、現在の仏教界、とりわけ寺院を眺めてみてわかるように、一部を除いて、各宗派に属する檀家はその宗祖や宗義と関係づけられているわけではなく、葬儀や法要など先祖供養と結び付くことで寺院や僧侶と関係が成立しているのである。両者のそのような関係性から、檀家にとって宗派とは名ばかりで実質的にはほとんど関わりをもっていないという事実に直面する。このことは檀家だけの問題ではない。僧侶自身も宗祖や宗義など宗派の本来的意義とどの程度深く関わり合っているのか甚だ疑わしい。この事実を直視すれば、宗派とは一体何であるのかという宗派仏教に関わる抜本的な問題、ひいてはその存在意義が突きつけられていることに行きつく。現実をみれば、宗派とは同一の宗祖を拝する僧侶の組織・集団であるという形態上の意義だけで理解できる存在となっている。

今、求められるのは、仏教界が自ら仏教界の現状を直視し、そうした閉塞ともいうべき実態から脱することである。最近、こうした状況を脱するために主張される一定の論調がみられる。つまり、それは近代化による合理性の限界を見直し、見捨てられてしまった過去の思想や信仰に目を向けようとの提言である。こうした提言は仏教の問題に限らず、今日の日本社会全体を見直すときに用いられる常套句《じょうとうく》ともなっているものである。

たしかに、そこには近代化によって生じた歪みともいうべき問題に対する的確な指摘を含むものではあるが、仏教の未来を論じる場合には、そのことよりも前提となるべき根本的な視点がなければならない。その視点は、今がどうであるのかという状況を正しく認識することと、人々が何を要請しているのかを洞察すること、そしてこのままではどうなってしまうのかという危機感を感得することである。それなしでは、過去の中から自分たちの存続を可能にしてくれる思想や信仰を闇雲に探し出そうとしても、現代が必要とする仏教を見出しえないであろう。歴史を分析するだけでは、未来への展望は何もみえない。また、宗門人が近代化を否定し、過去の思想や信仰から非近代性を探り当てて仏教を蘇らそうとしても、結局は自己の属する宗派の正統性を主張するための宗派意識が顔を覗かせるぐらいなものである。自らの宗派に執着している限り、何の有効な手立ても生まれてくることはない。自らを削り取る覚悟と行動が未来への条件となるはずである。

まず最初に行うべきことはきわめて当たり前のことではあるが、この日本の現代社会に生きる人々の要請に謙虚に耳を傾け、自発性と主体性によって人々の避難所となるべき寺院をつくり、僧侶を育成することではないであろうか。宗派という既存の枠組みの中から、ときとして抜け出て、新たな枠組みを摸索し、コミュニティーの中核としてそこに生きる人々の苦悩とその病巣を的確に捉え、それに応えうる活動を行うことが、未来に向けた仏教改革の第一歩となるであろう。そこから、さまざまな課題と方向性が浮かび上がってくるはずである。仏教の歴史は、常にこうした時代と空間に即した改革の連続によって生じてきたものである。今に活きる教えが説かれず、今に活きる救済が実践されなければ、それはもう仏教ではない。現代の要請に応えられない仏教になったのか、それともすでに仏教でなくなったのか、というほどまでの切迫した状況を仏教関係者が危機感をもって自覚しなければ、仏教が衰退の一途を辿るのをただ見守ることになるであろう。

あとがき

いまだ「終章」の余韻が残っているのか、「日本仏教の今」についての思いを引きずっているようである。その気分のままに、ここではそれに関する私見を少し述べ、それをもって「あとがき」としたい。

仏教は、苦しみからの脱却を求め、人間の生き方を問い続けた宗教である。自己の完成をめざし生き方を問い続け、多くの人々の模範となってきた仏教者が主体となって、その教えを信じ従った人々と一体となって歩み続けてきた。ここに仏教が仏教として存在する必要十分条件がある。

現代の仏教はこの条件をはたして満たしているであろうか。それを検証するには、何よりもまず仏教の主体となる仏教者が問われなければならないであろう。ここでいう仏教の主体となる仏教者とは、いうまでもなく「僧侶」と呼ばれる人たちである。その僧侶が今日も自己の完成をめざし生き方を問い続け、多くの人々の模範となる仏教者であるのか、ないのかは重大な問題である。なぜなら、もしそうでないなら、仏教に対する認識を改めなければならないことにもなるからである。つまり現代の仏教は、仏教といわれるにふさわしい内実を継承しているのか、それとも仏教という名を継承しているだけなのか、仏教それ自体の存在意義が今問われているのであり、そのことに僧侶自身が強く内省する必要がある。

筆者は、長年宗門系大学の教員として仏教学研究と教育に携わり、外からではあるが、宗派や寺院、僧侶など仏教界をみてきた。僧侶は、仏教の現実と理想との間で、ときには仏教批判をしたり、ときには自己否定せざるをえない場合が起こっても、結局は当事者であるだけに現実を肯定せざるをえなくなったり、冷静な判断もしづらくなったりするのであろう。しかし、筆者のように何の利害得失もない立場にあった者には仏教界をより客観的にみることができたのかもしれない。むしろ、それよりも仏教のすばらしさと現代における仏教の必要性を十分に認識している思いが、仏教の現実をあるがままにみせてくれているのかもしれない。

仏教とは仏教者の生き方それ自体を問うた宗教であるので、今の仏教を問うことは取りも直さず僧侶の生き方を問うことである。たしかに、仏教界の現状を眺めてみると、仏教界の組織の在り方についても、葬式仏教中心の寺院の在り方についても、問いかけ改革する必要は急務である。しかし、それらは決して核心となるものではない。それらを形成している一人の仏教者、すなわち僧侶の在り方こそが問われるべき核心である。この問題を横に置いて仏教の改革を論じても空疎といわなければならない。僧侶の一人ひとりの生き方に直接関わるからであろうか、これまでこの問題は改革の論点とすることから回避されてきたきらいがある。

僧侶とは、一体どういう存在なのであろうか。出家者なのであろうか。だとすれば、我々とは違って、家を出て修行生活か遊行の日々を送っていなければならない。今は仏教といっても在家仏教であるというのならば、僧侶は、一般の在家者とどこが異なる存在なのであろうか。現在の多くの僧侶のように、葬儀とか法事などの仏教儀礼や寺院管理をしているから僧侶というのならば、儀礼や管理という職務に従事しているだけで僧侶を仏教という宗教性を有した存在とみなせるのであろうか。それとも、在家の人々にはない宗教性をもっているから僧侶であるというならば、その宗教性は何であるのであろうか。結局のところ、こうした問いかけは現代において僧侶とはどのような存在なのか、その存在意義はどこにあるのかという問題に帰結する。是非論は別にしても、こうした基本的な問題は残念ながらほとんど確認されることなく、触れられないままでいる。この点を誰よりも僧侶自身が省察することこそ、いま求められている点なのである。端的にいえば、それは仏教者とはいかなる存在かを問うことでもある。

従来から現代仏教の改革が論じられてきた中で、これは抜け落ちた視点である。「僧侶論」を抜きにして仏教の改革を語ることはできないであろう。この視点は、二五〇〇年もの長き仏教の歴史に現在の仏教がどう位置づけられるかを検証することにもなろう。

最後になったが、編集を担当していただいた伊藤大五郎氏には、相当以前にお声を掛けていただきながら、当方の諸事情で遅々として進まず、期待に応えることができず、ご迷惑をお掛けしたことを、この場を借りてお詫びしたい。出版に向けてさまざまな有益なご意見を頂戴したことにも心より感謝申し上げたい。

二〇一七年一〇月二八日

並川　孝儀

主要な参考文献一覧

荒牧典俊「Suttanipāta Aṭṭhakavaggaにみられる論争批判について」『仏教と文化』（中川善教先生頌徳記念論集）同朋舎出版　一九八三年
荒牧典俊「ゴータマ・ブッダの根本思想」『インド仏教1』（岩波講座『東洋思想』第八巻）岩波書店　一九八八年
井筒俊彦『イスラーム文化――その根柢にあるもの』岩波書店　一九九一年
岩本裕『仏教と女性』第三文明社（レグルス文庫123）一九八〇年
植木雅俊『仏教のなかの男女観　原始仏教から法華経に至るジェンダー平等の思想』岩波書店　二〇〇四年
榎本文雄「初期仏典における三明の展開」『佛教研究』（國際佛教徒協會）第12号　一九八二年
大澤広嗣編『仏教をめぐる日本と東南アジア地域』勉誠出版　二〇一六年
大谷栄一・藤本頼生編著『地域社会をつくる宗教』明石書店　二〇一二年
小谷信千代『法と行の思想としての仏教』文栄堂書店　二〇〇〇年

香川孝雄『浄土教の成立史的研究』山喜房佛書林　一九九三年
岸本英夫編『世界の宗教』大明堂　一九六八年
川田熊太郎『仏教と哲学』平楽寺書店　一九七〇年
雲井昭善『未来のほとけ――弥勒経典に聞く――』（佛教大学四条センター叢書）創教出版　一九九二年
圭室文雄『日本仏教史　近世』吉川弘文館　一九八七年
斎藤明「大乗仏教とは何か」高崎直道監修『大乗仏教とは何か』（シリーズ大乗仏教1）　春秋社　二〇一一年
下田正弘「如来蔵・仏性思想のあらたな理解に向けて」『如来蔵と仏性』（シリーズ大乗仏教8）　春秋社　二〇一四年
髙橋尚夫・木村秀明・野口圭也・大塚伸夫編『初期密教　思想・信仰・文化』春秋社　二〇一三年
武邑尚邦『経典解釈の諸問題』永田文昌堂　一九六三年
田中教照『初期仏教の修行道論』山喜房佛書林　一九九三年
千葉乗隆・北西弘・高木豊共著『仏教史概説　日本篇』平楽寺書店　一九六九年
中村元『ゴータマ・ブッダⅡ』（中村元選集〔決定版〕第12巻）春秋社　一九九二年
中村元『原始仏教の成立』（中村元選集〔決定版〕第14巻）　春秋社　一九九二年
中村元『原始仏教の思想Ⅱ』（中村元選集〔決定版〕第16巻）　春秋社　一九九四年

中村元・三枝充悳『バウッダ・佛教・』小学館　一九八七年
中村元・福永光司・田村芳朗・今野達・末木文美士編『岩波　仏教辞典　第二版』岩波書店　二〇〇二年
浪花宣明『在家仏教の研究』法藏館　一九八七年
並川孝儀『ゴータマ・ブッダ考』大蔵出版　二〇〇五年
並川孝儀『スッタニパータ　仏教最古の世界』岩波書店　二〇〇八年
並川孝儀『ゴータマ・ブッダ　縁起という「苦の生滅システム」の源泉』佼成出版社　二〇一〇年
並川孝儀『インド仏教教団　正量部の研究』大蔵出版　二〇一一年
並川孝儀「初期経典にみられる仏弟子の表現」『日本佛教学会年報』第78号　二〇一三年
並川孝儀「仏教界の現在と未来――檀家の立場よりみて」『日本仏教に未来はあるか』龍谷大学アジア仏教文化研究センター　二〇一四年
並川孝儀「初期経典に見られるdhammaの訳――「教え」と「真理」をめぐって――」三友健容博士古稀記念論文集『智慧のともしび　アビダルマ佛教の展開』山喜房佛書林　二〇一六年
野上俊静・牧田諦亮他『仏教史概説　中国篇』平楽寺書店　一九六八年
袴谷憲昭『仏教入門』大蔵出版　二〇〇四年
平岡聡「変容するブッダ――仏伝のアクチュアリティとリアリティ」高崎直道監修『大乗仏教の誕生』（シリーズ大乗仏教2）春秋社　二〇一一年

平岡聡『法華経成立の新解釈　仏伝として法華経を読み解く』大蔵出版　二〇一二年
平岡聡『大乗経典の誕生　仏伝の再解釈でよみがえるブッダ』筑摩書房　二〇一五年
平岡聡『ブッダと法然』新潮新書　二〇一六年
平川彰「仏滅後の教団における阿難の位置」『佛教研究』（國際佛教徒協會）十号　一九八一年
吹田隆道『ブッダとは誰か』春秋社　二〇一三年
吹田隆道編『神変と仏陀観・宇宙論』（梶山雄一著作集第三巻）春秋社　二〇一二年
藤井淳「中国における教判の形成と展開」高崎直道監修『大乗仏教とは何か』（シリーズ大乗仏教1）春秋社　二〇一一年
藤田宏達「原始仏教における禅定思想」『佐藤博士古稀記念　佛教思想論叢』山喜房佛書林　一九七二年
藤田宏達『原始浄土思想の研究』岩波書店　一九七〇年
藤田宏達『浄土三部経の研究』岩波書店　二〇〇七年
藤田祥道「大乗仏説論の一断面――『大乗荘厳経論』の視点から」高崎直道監修『大乗仏教とは何か』（シリーズ大乗仏教1）春秋社　二〇一一年
舟橋一哉「出家道と在家道とにおける眞理観の相違」『佛教の根本眞理』三省堂　一九五六年
本庄良文「阿毘達磨仏説論と大乗仏説論――法性、隠没経、密意――」『印度學佛教學研究』第三八巻一号　一九八九年
本庄良文「アビダルマ仏教と大乗仏教――仏説論を中心に」高崎直道監修『大乗仏教の誕生』

（シリーズ大乗仏教2） 春秋社 二〇一一年
本庄良文「経の文言と宗義——部派佛教から『選択集』へ」『日本佛教学会年報 経典とは何か（一）—仏説の意味—』第七六号 二〇一一年
前田惠學『仏教とは何か、仏教学いかにあるべきか』（前田惠學集第二巻） 山喜房佛書林 二〇〇三年
松本史朗『縁起と空 如来蔵思想批判』大蔵出版 一九八九年
宮崎哲弥・呉智英『知的唯仏論』サンガ 二〇一二年
柳田聖山・梅原猛『仏教の思想7 無の探究〈中国禅〉』角川書店 一九六九年
山口益『空の世界』理想社 一九六七年
山口瑞鳳『チベット 下』（東洋叢書④） 東京大学出版会 一九八八年
吉田久一『近現代仏教の歴史』筑摩書房 一九九八年
脇本平也『宗教学入門』講談社学術文庫 一九九七年
渡瀬信之訳注『マヌ法典』平凡社（東洋文庫842） 二〇一三年
渡辺照宏『お経の話』岩波書店 一九六七年
和辻哲郎『風土 人間学的考察』岩波書店 一九六七年

ちくま新書
1296

ブッダたちの仏教《ぶっきょう》

二〇一七年一二月一〇日　第一刷発行

著　者　並川孝儀（なみかわ・たかよし）

発行者　山野浩一

発行所　株式会社 筑摩書房
東京都台東区蔵前二-五-三　郵便番号一一一-八七五五
振替〇〇一六〇-八-四一二三

装幀者　間村俊一

印刷・製本　株式会社 精興社

乱丁・落丁本の場合は、左記宛にご送付ください。
送料小社負担でお取り替えいたします。
ご注文・お問い合わせも左記へお願いいたします。
〒三三一-八五〇七　さいたま市北区櫛引町二-六〇四
筑摩書房サービスセンター　電話〇四八-六五一-〇〇五三

ISBN978-4-480-07105-7 C0214